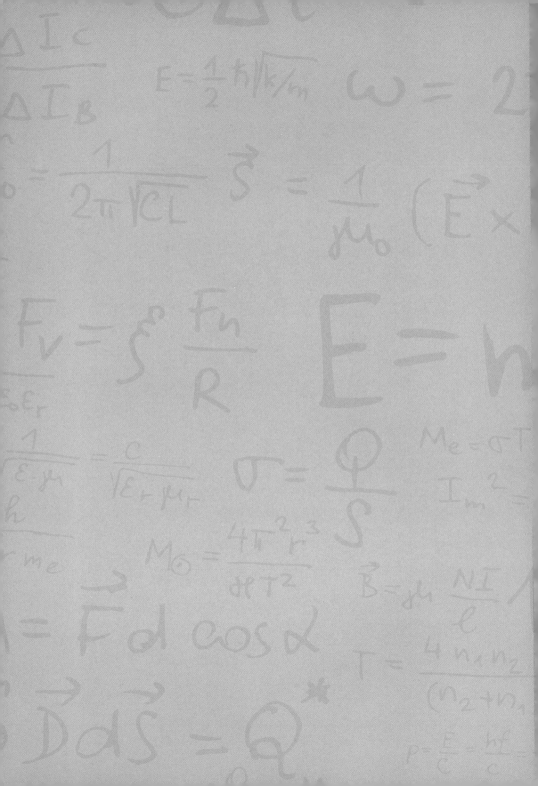

Be Your
Own Superstar

改寫未來
方程式

柯迎華 著

推薦序

現今新世代人雖是追求創新求變的一代，對社會和世界有很多想法，但怎樣才能掌握成功核心關鍵？創造歷史改寫未來？值得大家深思研究。

　　柯迎華先生多年來曾於各大企業及中台禪寺精舍專業講座，學術理論及實務經驗豐富，尤其在「潛意識」專業領域，頗有獨到的領悟與見解；墾丁福華渡假飯店亦多次邀請柯老師為本飯店主管講授相關課程，各主管均表示受益良多，頗受肯定。

　　柯老師常年與各國行銷管理與心靈學大師交流，更不惜重資至各國取經，參與世界級大師講授之相關課程，如世界級潛能開發專家安東尼・羅賓（Anthony Robbins）、頂尖行銷大師傑・亞伯拉罕（Jay Abraham）等專業諮詢課程，彙集各大師之精髓，經數十年的鑽研，從理論中汲取經驗，從實務中建立獨具的理論基礎與見解，彙整精華完成本書；嘗試經由設計成功藍圖的規劃，掌握成功致富方程式的關鍵要素，內省面對真實自己的人生，透過改變態度，強化動機與企圖心，做好詳細計畫即刻行動，找回生命的主控權。

　　本書從理論的出發到實務的剖析，內容精闢深入淺出，理論與實務兼籌並顧，極具參考與研讀價值，是一本值得一讀再讀的好書。柯老師能以好學不倦的精神，奉獻多年

工作專業經驗，廣搜資料以饗讀者，誠屬難能可貴；期盼本書能激起讀者相互砥礪與研究改進，具掌握未來大局能力，故樂為序。

張積光｜中華民國行政院 政務顧問
墾丁福華渡假飯店 總經理

命中有時終須有，命中無時莫強求。鐵板神算、催眠、前世今生，因果輪迴，行善改運，對那些所謂「信者恆信」、或佛弟子如我而言，可謂老生常談。

　　而最前沿的「量子力學」，對於人類「思想意識」的研究所得到的結論，跟這些老生常談卻又不謀而合。比如：「你的宇宙是由你的意識創造的，宇宙有一股神秘力量，會依據你的瞬間念頭，生成當時的物質世界，先以二維資訊碼的能量形式儲存在另一空間的「雲端意識數據庫」，然後再投影成三維物質世界。」

　　量子力學之父普朗克研究「原子」一輩子，結論竟是：世界上根本沒有物質這個東西，物質是由快速振動的量子組成！所有物質都是來源於一股令原子運動和維持緊密一體的力量，我們必須認定這個力量的背後，就是「意識」，它是一切物質的基礎。

　　但是，在這個以唯物思想掛帥、功利主義瀰漫的現代社會裡，　即便是上述最新科學研究的觀點，學界中也不乏歪戴著「傲慢與偏見」的眼鏡，高舉著「正統科學」的大旗、以打倒「偽科學」的「打假達人」或「獵巫專家」自居，認為 AI 人工智慧與雲端海量計算，終將取代各種宗教信仰，何況是書中的因果玄學論？

而作者柯老師今年五十多歲，在台灣當年大學本科是唸醫技系，照理說深受現代科學教育洗禮，也不愛上述因果老梗才對。尤其他又有大量閱讀的習慣，幾乎一天就能讀完一本書，如此才能整合各式資訊，做一位指導客戶如何開發潛能、創造利潤、一堂課最少六萬台幣起跳的稱職專業顧問。為何他會選這個題材出書？一定是他自己有過深刻的人生體驗，甚至是經過生死交關的考驗。

　　尤其本書敢以平實筆調，顯示作者逆勢而為的決心：即以通俗語句，揭櫫奧妙真理，充滿甘冒大不韙的勇氣，讓曾服役海軍多年的我，打心裡對他尊敬佩服。

　　這不只是一本對年輕人有勵志或提點效果的好書而已，因為對盧長柯老師二十多歲的我而言，亦有醍醐灌頂之效，讓我常心有戚戚焉。書中提到，NOKIA 前執行長自認「沒做錯事」，唯一做錯了，只是沒注意到時代在「改變」。及小河流如何能到大海的故事，讓我在堅持熱忱從事自己志業之餘，也同時提醒我「學習、改變」的重要。

　　很榮幸能為這位博覽群籍、通透人生智慧的好人專家所寫的好書為序，讀者必能從中獲得人生中許多最重要的啟示！

盧繼徽｜**天仙液集團總裁，於香港作序**

> 日復一日地重覆做相同的事，
> 卻期待不一樣的結果，精神真是失常啊！
>
> （Insanity Is Doing the Same Thing Over and Over Again and Expecting Different Results.Albert Einstein）

> 晚上想想千條路，早上醒來走原路。
>
> ——馬雲

「人性」中卑微渺小的無力感，似乎藉著這兩個言簡意賅的名言原形畢露了，真切地存在於大多數人的日常生活中，生命真的就被這千篇一律的固定作息消磨殆盡了嗎？不禁納悶—人之所以異於禽獸者，幾希！人！為何而活？正所謂「未經檢驗的生命，不值得存活啊！」（The Unexamined Life is not Worth Living.—Socrates）

因此聯想了二十餘年來教育訓練的資深講師柯迎華顧問，不間斷地挑戰著好逸惡勞、得過且過且安於現狀的「人性」，激勵著數以萬計的學員們跳脫舒適圈，自我改變，方能看到不一樣的自己，進而擴大舒適圈，成為自己生命中的貴人，得以積累蓄存「改變世界」的才華。

總是樂觀進取的柯顧問，時常循循善誘地鼓勵不計其

數的學員們，日積月累地培養「終身學習」的習慣，開發對學習的熱情，循序漸進、按部就班地耐心學習。耐人尋味的是─對知識的渴望，越追求，慾望即越強烈。當知識積少成多之後，水到渠成的是思想亦隨之產生巨變，「你會變成什麼人？關鍵在於你的想法對自己有多少限制？」（What We Think，We Become .-Obama Barack）；沒有閱讀習慣之人，思考即會停止，這是多大的遺憾啊！

他也提及：每一個偉大的夢想的實現，都是由一個小小的夢想者開始的，專注於你的渴望，熱情即是能量和驅動力，帶著熱情去圓夢，盡情揮灑生命的彩筆 - 學以致用，勿枉此生；通常歷經痛苦的心和懺悔的靈之考驗後，實踐夢想的起心動念益形鮮明強烈，夢想成真之機率亦相對提高。

求知若渴的柯顧問常耳提面命地教導：終身學習亦為「激發潛能」之有效途徑，必須有意識地持續創造自我學習的機會，增進對自我的了解，學然後知不足而倍感謙虛，形成愈發地主動學習的良性循環；自然地提升「自覺和覺他」的敏感度，「覺醒」是需要連續不斷地接觸新事物，增加「思想上的觸媒（trigger）」，得以舉一反三、觸類旁通，微觀和宏觀兼得，生命的格局得以全面提升。

> 「活著，彷彿明天是你的最後一天，
> 學習，彷彿你可以活到永恆。」
>
> (Live as if you were to die tomorrow.Learn
> as if you were to live forever.)

—甘地

　　課堂上經常感受到桃李滿天下的柯顧問，是位充滿正向能量的潛能大師，時時提醒學員們不計報酬地先作付出，創造自己「被利用的價值」，為人脈紮根；有種「眾人皆睡我獨醒」、醍醐灌頂式的清涼——一種豁然開朗的領悟。「生命的10%在於發生於你身上的事，而90％在於你所作出的回應。」（Life is 10% what happens to you and 90% how you react to it.）柯顧問雖歷經生命重重的起伏試煉，這位作育英才自我要求頗高的傑出教練，仍朝氣蓬勃地熱忱傳授，愈挫愈奮地樹立最佳典範——熱愛閱讀、博覽群書、複習思考、隨時心態歸零、忠於自己的渴望、身心安頓、活出精彩的人生，珍惜生命。

　　好學不倦的柯顧問於神經醫學、量子物理、潛意識成功學、經營管理……等等的潛心鑽研皆造詣精深，且擅於規劃、任務導向、執行力強；且構思創造一個適宜長期使用的學習環境，藉由教書、演講協助學員們與生俱來的遺傳潛質（潛

藏於海面下 90% 的冰山的潛能）得以淋漓盡致地展現；人之多元潛能、透過適性之課程與教學來開發身心靈的潛能，同時提升健康之基本利益和學習成效，持續正向積極地面對未來；而虛擲光陰即浪費生命，時間即生命，為節省寶貴的時間．找好教練和上成功者開的課，重塑調整思考模式，將得事半功倍傳授之績效，成功財富自然地尾隨而至；「改變你的思維 你即改變了你的世界。」（Change Your Thoughts and You Change Your World. — Norman Vincent Peale.）

「機會永遠是留給準備好的人」，否則只能與機會擦身而過，痛失良機，而歲月如梭，生命瞬間即到了盡頭，回首來時路，也僅能抱撼而終了……

柯顧問期待學員們能以更圓融的視角對待自己、他人與社會（本著互惠、共好、雙贏之初心）進而利己利人，發揮更大的正向影響力，成為有價值的人。人只活一次，倘若活得其所，一次也已足夠了。（You only live once，but if you do it right， once is enough.— Mae West）

末了！順帶一筆，百忙之中，分身乏術之際，只能挑燈執筆，一夜未眠地完成此序，當然是先行細細拜讀柯顧問之大作，閱畢慶幸入寶山未空手而回，受益匪淺，終生

受用不盡！本書已置於案頭，可隨手翻閱充電。感恩再感恩！得此殊榮！

作序留念

楊霖 │ **新生企管副總經理**

世界第一名潛能大師安東尼‧羅賓曾說：「實現您夢想的所有資源，就在您的體內。」

我與柯迎華老師是多年好友，早在二十年前我們曾經是同門師兄弟，師承安東尼羅賓，共同在陳安之機構擔任個人成長教育與培訓推廣講師，當年他在我們公司講師群經常拿下冠軍 TOP1 sales 寶座。

這麼多年來他依然從事他最熱情的企業管理，輔導企業提升整體業績，績效卓著。並且幫助非常多的人提升個人收入，提早達成財富自由。

這次能為他寫推薦序，實感榮幸。

看完了《改寫未來方程式》這本書，就只有三個字「哇！哇！哇！」，中國人講命運！命由天定，因為我們不能選擇要出生在何處？但我們要如何過自己的人生，結交什麼樣的朋友？看什麼書？則是可以由自己決定。自己有願意改變，運自然就改變了。

以我為例，我過去雖然是企業管理顧問專家，但卻因為不懂如何理財，曾經有二次投資慘賠的經驗，一次是 2000 年網路泡沫及 2007 年次貸風暴，讓我慘賠。但是我在八年後能成為投資理財類暢銷書作者，《洞燭先機》一書連續在 2016 ～ 2017 年雙連霸，拿下金石堂書局銷售冠軍，變成了

理財培訓專家，能夠反敗為勝，甚至在去年開始收藏藝術品，並且在迪化街開了一間晴風藝術藝廊，進入藝術界領域。今天我能從輸家變成了贏家，我發現成功都有共通的法則。

柯老師把成功學的所有關鍵，經過他自己的學習與實踐，滙整成這一本書，讓人有步驟與策略按部就班地去實現目標與夢想，這真的是一本難得的好書。

如果柯老師這一本書能提早在二十年前就出版，我就能少走許多冤枉路，少賠很多錢。成功速度也會更快。

從第一章 看見未來：如何找出您的生命方向，讓您知道目標的重要性，用最佳策略與方法，有彈性的不斷調整策略方法，直到成功。如果您可以這樣做的話，那成功將指日可待。

第二章 成功致富方程式：教會您如何才能成功，並且您必須要具備哪一些能力與人脈資源。

第三章 改變態度，邁向未來：一個人要徹底改變，必須要如何做？如何調整內在的自我？成功的
做人處事態度為何？

第四章 詳細計畫，馬上行動：如何感恩地活在當下。

第五章 駕馭潛意識、改寫未來：這一章最重要了，世界潛能大師博恩崔西說：潛意識的力量是意識的三萬倍，

所以要成功達成目標，就一定要借力使力，如何運用潛意識呢？那就要請您用心領會，再認真實踐！。

　　祝福您 平安福慧滿滿。

蕭正崗｜**知名暢銷書作家**

心得感想

原本當了六年的傳統美容師，在兩年前踏入行銷產業，當時的我對這個產業完全不明白，也不知道如何開始，所幸在我很想找方法的時候遇見了柯老師，當時報名了教練班，其實我也不知道這是在教什麼，我只聽到老師的說明會提到「提升能力」這幾個關鍵字～

　　於是我就決定報名了！

　　連續一年多的教練班，原本對業務性質工作以及行銷產業沒有頭緒的我，也在這一年多的訓練收穫很多，讓我學習到行銷、推銷、服務、時間管理的基本功，柯老師不藏私，有問必答的教學，讓我短短一年多在自己的工作領域有很大的進步和耀眼的成績！

　　真的非常感謝柯老師的教授！

傅庭蓁｜全美世界 SD 銀階企業經理

　　這個課程可以讓絕望變成希望，讓挫折變成轉折，一種脫胎換骨的感受及震撼，值得推薦。

陳淑菁｜普霖斯頓幼兒園中籍教師

　　原本從事七年多的會計，在兩年多前踏入行銷產業，當時的我因為沒人脈、沒口才、所以對這個產業完全沒把

握如何可以做得好又長久，很幸運的在這個時候，參加了柯老師的說明會，當時光聽到可以「提升能力」「改變命運」就讓我想報名了教練班！

在自己上了二堂的教練班後，回家大力的向從事機械買賣的老公推薦，一定要來上這個課程！

果真老公上了沒多久，讓他自行開業以來從一個月只賣一台機器，變成一個月可以賣到四台，而且成交速度變得非常快。而我也學到了很多可以「提升能力」的基本功，還有「改變命運」的方法，不僅讓我更懂得如何經營行銷產業，也讓我成為老公的得力助手（我們從可以一起討論→擬定計畫→達成目標），在教養小孩方面更是得心應手（小孩從依賴→獨立、從逃避問題→面對問題，從說不知道→自己找答案……）

這一切的一切，都非常感謝柯老師的指導！

黃淨鈺｜詠懋興業有限公司特助
全美世界 SD 銀階企業經理
兩個小孩的媽咪

本人從事機械買賣，因為太太極力推薦柯顧問的教練課程，因此決定開始上柯老師的課，每周持續不斷地學習與訓練，讓我從自行開業以來一個月只賣一台機器，變成

一個月可以賣到四台，而且成交的速度變得非常快。

柯老師把累積了二十幾年的智慧與經驗傳授給我們，使我不再浪費時間走冤枉路，以及如何做最有生產力的事。每周不斷地進步，讓我像海綿一樣的拼命吸收其智慧，除了業績提升、個人成長、目標設定、策略規劃、行銷與推銷技巧的運用、服務顧客、詳細計畫、時間管理、潛意識的運用、最重要的是落實行動創造績效。

這個課程改變我一生，目前我仍繼續跟柯老師學習，往成功的目標持續前進。

陳國寶｜詠懋興業有限公司執行長

當命理學碰撞行銷學……

我是個專研十多年紫微斗數的專業命理老師，看過無數個老闆命格，事實證明卻不是每個人都是大老闆。

就算擁有和郭台銘大人物一樣的生辰八字，並不代表你和郭台銘會有一樣的成就！

古云：「一命、二運、三風水、四陰德、五讀書」，當你有了做大事的命格和大運時，為什麼還成不了大人物？

答案是每個人成長環境不同、養成思維不同、觀念不同、所遇人事物緣分不同，導致在每個抉擇路口時會用個

人的意識與潛意識去選擇，生命中有太多的細節，你可能有著和他一樣的命與運，卻沒有像他一樣培養個人條件，也沒有把握住運勢而錯失良機或相反誤判機會，所以一切的一切結果，也都和郭台銘董事長完全不同！天差地別！

這世界變化太快也太急，儼然已成為一個超速競技的宇宙，當你不夠快狠準跟上腳步就會被世界所淘汰吞沒！天時、地利、人和永遠是這宇宙不變的成功定律，所謂天時就是命＋運，地利就是陽宅＋陰宅，人和就是個人的條件＋專業，然而除了以上的成功定律有沒有更讓人如虎添翼的方法呢？

常云：「做業務不一定能當老闆，而當老闆的一定要會做業務」，「行銷自己」絕對是每個大人物必定要學會的事情，其實不只是大老闆，我能大膽的斷言，於現行社會每個人都需要學會行銷，很多行銷成功的案例：不起眼的學生用一技之長配合網路行銷手法成為風雲人物，家庭主婦看準出外人的思鄉心情，將家常料理包裝成媽媽或阿嬤的味道成為市場上的熱賣商品，各個無數的例子都顯現了不論你是多麼渺小的存在，只要學會行銷便能朝你的目標筆直的往前。

明白了行銷的重要後，也該回頭說說自己，結緣於柯老師這位大師是因為上他的教練班與潛意識，才真正領悟

柯老師的行銷學就是讓我更如虎添翼的神器，有如如獲至寶的感動，這才真正打通我在行銷這條學問上的任督二脈，爾後在生活的每個瞬間都會突然的出現上課曾經學習過的學問，讓我在生活上、教育上、命理上重新有了更上一層的方法與理解。

人生只有拚出來的美麗，沒有等出來的輝煌。

如果命理是讓人明白完成夢想的方向，行銷絕對就是完成夢想的手法，讓我最受用的內容，便是教會了我如何將夢想數據化成為可實現的目標，透過柯老師教練班的方法，讓我的新舊客人不斷源源不絕的複製出去，真的很不可思議！

老師的潛意識課裡有提到，人的能量是會與天地間共振，這點與命理的觀點非常雷同，當你有了實現夢想的能量，你的夢想才有可能實現，但實現夢想並不能只靠能量，更多的是課程中教導的短中長期目標如何設定的技巧和需求條件，以詳細規劃出做法來實現這個目標，不會像太遠大的夢想只淪為數字遊戲，終究只能將他當作夢去想。而關於新舊客戶的不斷複製，便牽扯到了許多理論與實際上的技巧，如同飢餓行銷、關係維護、環境的安排等等，能吸引舊客戶好評的內容加上優質的服務，並在最後做「Call To Action（CTA）」主動請客戶做分享發文的動作，如此

舊客戶便有了良好的感受同時也為我們達到了宣傳的功效，而新客戶看見良好的評價後勾起好奇心，搭配便利的預約流程，便能在新舊客戶間不斷的複製。

吸取別人的優點壯大自己！破局而出！

在命理的路上，有「莘繫於妮」能診斷天生命格和一生的每個運勢起伏，進而規劃出通往夢想的方向，確定了方向後，加上柯老師的頂尖行銷學，便可快速引領，每個心中有著目標與夢想的人早日實現人生美夢，每個人都需要一個「良貴人」，對我而言即是柯老師，也成為了我一生最重要的一個良師益友。

陳莘妮│莘繫於妮命理專業諮詢中心——粉絲專頁

本人周添銘於 2009 年罹患出血性中風住院三十五天帶著左半身不遂之後遺症出院，出院後持續自行積極回診復健，經西醫一年半復健效果不彰，轉而尋求中醫藥方及針灸等療法，亦不見療效，中醫師更面告，無法可治，不必浪費時間金錢復健，於信心盡失萬念俱灰之情況下，放棄原本積極之復健計畫，之後，不但左半邊手足失能不聽使喚，行動不便日益嚴重，連左下肢也出現水腫、破皮、發炎等症狀，皮膚科醫師認為，此乃體液循環不佳所致束手

無策，苦不堪言。

於沮喪絕望之際，幸好去年（2017年）機緣具足，報名參加柯迎華老師「脫胎換骨」潛意識改造課程，振奮了我的生命；經老師教導：意念與潛意識之功能、明示：潛意識不會辨識事情是真是假，只要設定合理可達成之目標，透過不斷地想像，重覆相信他，終究會成為事實。持續保有我想要得事物的思想，讓我想要的事物在心中保持絕對的清晰，從而啟動宇宙最偉大的法則——吸引力法則，自己會成為最想成為的人，也會吸引來自己最想要的事物，心想事成。

基於老師所給的信念與方法，讓我重拾復健信心，堅定心中康復的正面信念，更時常逼真想像與感受復原後的良好感覺。

經過不到一年的實踐，我發現原來煩惱的下肢水腫、起水泡、破皮、發炎的症狀（本來皮膚科治不好的體液循環不佳之問題）目前已完全消失（療癒）了，下肢不再水腫，皮膚也已恢復正常了。至於手腳的可控制度，也已有明顯改善的跡象（關節筋絡已逐漸軟化了），相信不久心中想要的「健康」一定會奇蹟式地擁有（在心中見到的，將會成為手中得到的）。我體悟到「人心」才是治療技術的最

大要素，其重要性甚至超過藥物。

　　有機會去聽柯老師的「啟動億萬富翁的 DNA」課程，初次聽到「潛意識」可以實現自己的夢想（不管是健康、財富、事業……）深深的吸引了我，於是決定報名參加。

　　歷經了半年多老師的課程學習，老師教導我們要把自己的夢想，要有信心的運用潛意識，每天想像夢想成真的畫面，而且要不斷反覆練習。而老師會在課堂上把個人親身經歷，如何運用潛意識改變命運的案例，告訴學員與大家一起分享。

　　改變思想才能改變命運，練習看淡每天的小煩惱，想好的事情就會發生好的事情，所以要時時覺知，活在當下。

　　在日常生活中，運用老師在課堂上所教的方法，及大量閱讀老師介紹的書籍，慢慢就會體驗感受到，有一些事情會在最完美的時刻，會以奇蹟式的方式出現，這種感覺讓我又興奮又悸動，真的很謝謝柯老師。因為上了柯老師的課，不斷地學習，複習，練習，在「身、心、靈」各方面都成長許多。

　　改變是如此困難，但唯有改變，才有可能成功！

　　感恩柯老師！

陳瑪潔｜任職於康和證券

現在絕大部分的人都會開車，前進總有個目的地，會先規劃出一個基本路線，然後才會出發。不過，在路途上，偶爾會遇到幾個等很久的紅綠燈、因為施工必須改道，塞車路段要不要避開……等等，很多無法掌握的狀況。在以往沒有導航的年代，若因不可預期的狀況改變路線，很容易在改道的時候失去方向感，偏離了原本的方向，甚至兜圈子、迷了路。這時除了看紙本地圖，只能靠著駕駛自身的經驗與路人的指引，摸索著陌生的路徑，繼續向前。幸運的話，路人指引正確，自己方向感不錯，回到正確路線的時間會縮短很多；反之，路人報錯方向，自己對方向又沒甚麼概念，只怕越走越偏，卡進死胡同，或完全背道而馳，到不了目的地。

　　人生之路不也如此，從跌跌撞撞到駕輕就熟，練就的是技巧，技術，然而對自己內心裏真正渴求的目標與期望，多少人迷失在長長的車陣中、廣瀚的人海裡。今日有幸能遇到柯老師，運用老師的方法，先讓我們明確訂出自己的未來理想，對自己的期許、照顧家人的夢想，更進而立下對社會大眾能有所貢獻的使命。

　　接著規劃從近程到遠程的路線，一步步完成階段性的目標，正如同加裝了先進的導航系統，遇到了不順遂，該如何以正確的心態去面對、去解決。而不影響原來要去的

目的地，並能從中汲取淬煉過後的養分。

我是賈炳瑞，我從事的職業是位於桃園專責廢棄物清除的聯結車駕駛，每日承載的不只是貨物，而是一種責任，一種做好一個小螺絲釘該有的功能的責任。透過柯老師的課程教授，清楚不艱澀的論述，貼近你我生活的實際案例，讓我更清楚的知道下一步該做甚麼，該如何做，該如何面對不可知的未來與改變。

我們都承載著自己的理想及家人的期待，我已經在導航規劃好的路上持續前進，期待這條路上有更多人同行。

車上的導航有價，人生的導航，價值在哪裡？就讓柯老師帶領您來體會吧！

賈炳瑞

我在家裡排行老二，一直以來秉持著「被需要」來定位自己，甚至出社會後也是如此。但久而久之，圓滿好像只是假象，其實自己不見得是開心的，甚至身體也生病了。

後來發現了最大的瓶頸應該是消除自己的業障。進而搜刮了多方知識訊息。

在知識爆炸的時代，玄學是很奇妙的，又好像是因果造成的。

正積極地想處理心靈這部分時，參加了柯迎華老師的講座分享會。嗯⋯⋯有玄學概念、又有科學驗證，老師藉由生活事蹟的驗證，傳達了「信念」是非常好用的工具，是可以改變命運，這就是我想要的教練。

我信命但不認命，利用柯老師解析的「潛意識改變方法」，讓既定的事實也能經過信念的強度而轉換為我想要的結果。使我自己的心靈更開心，繼而身體的過敏反應相對減少。我還在努力讓自己狀態更提升，你是否願意也要一起加入學習呢？

王舒慧｜任職於驊育電鍍有限公司

上了柯老師的脫胎換骨潛意識課程，我覺得受益良多：

1・老師講的不僅僅只是理論，更是用他的生命經驗在上課，讓自己在金錢上、事業上、健康上更成功，因此我感覺特別有說服力。

2・要邁向健康與成功，除了目標的圖像要清晰明確，更要有執行力的堅持。

3・成功必須有天時、地利、人和。因此老師在課程中會教學員如何知天命、結善緣、改變自己。我覺得自己也會感染到那份力量，感謝老師正在改變我的生命。

4·目前老師的潛意識課程，最大的特色是可以重複學習（只需付場地費）。

學問必須不斷地操練、應用才能轉化為解決問題的智慧。知識不斷地重複練習，才能進入潛意識成為自己的東西，而終身受益。課程不只是一時激盪的火花，而是持續且深化的學習，所以學員可以不斷複訓，我覺得這是非常棒的地方。

簡順樑 │ **台中高農教師**

自序

1994 年底，我在書局看到了一本書《人生，僅止於此？》，書的封面有些句子非常吸引我：「你是否曾在上下班途中、電梯間裏，偶爾看見自己和別人的影子……」

　　我突然想：「真討厭繼續過這樣的日子！」

　　你的夢呢？你的可能性呢？

　　你是否過著你所「選擇」但卻不是你「要」的生活？

　　此時不妨聽聽你內心的悄悄話！

　　是的，你一定還有夢！

　　完成一些對自己有意義的事！

　　讓自己有勇氣去活出自己！

　　這是你來此生的目的！」

　　這幾句話彷彿就在對我說：「覺醒吧！」

　　從那一天起，我就常常問自己：

　　「我活著到底是為了什麼？」

　　「我的夢想是什麼？」

　　「我到底應該從事什麼樣的工作呢？」

　　接著我又遇到了一位不到三十歲卻年收入數千萬的成功人士，於是我又開始思考：「我跟他之間為何有著如此大的差異？」

「他是怎麼做到的？」

我想他一定「知道」而且「做對了」某些事？

這一切喚醒了我強烈的企圖心，也下定決心，將來一定要成為一個能夠快樂地實現理想又富有的頂尖人物！於是，我開始投資自己的腦袋跟許多世界頂尖的大師學習，透過大量的學習與行動來改變自己！

經過了十多年，我不斷地學習、運用，包括如何詳細計劃、快速達成目標、策略規劃、 行銷學、推銷學、頂級服務、時間管理、公眾演說、建立人脈等許許多多世界級的頂尖技巧，也開始使用在事業上了！

然而 2009 年初，在一次嚴重心律不整急診時，卻意外發現了右肺長了四顆腫瘤，隨後進行了電腦斷層掃瞄，經胸腔內科與放射科會診，其中二顆則依臨床經驗確認為惡性腫瘤，醫生希望我立刻住院開刀，早日處理，以免延誤病情。

那一年我才四十二歲，當晚，我的心情跌到了谷底。

還不敢告訴家人實際狀況，我開著車紅著眼眶載著可愛的女兒去兜風散心，一夜難眠！

經過一晚的沉澱，決定轉院至榮總進行更精細的診斷追蹤。另一方面我放下所有的工作，至中台禪寺普民精舍

開始學習禪修，認識了當時的住持見達法師，也開啟了研究身心靈之門。

　　或許幾十年的繁忙急躁日子，該經由這一次重大生病事件來讓自己靜下來，專注在平靜的呼吸與念頭，好好思考生命的意義。

　　2010 年更是我人生最低潮，當我肺部腫瘤繼續追蹤之時，我的父親也發現得了肺癌第三期，開始接受一連串的住院化療、三十二次的放療，然後身體越來越虛弱，一切都需要別人的協助。而我必須在南部老家跟光田醫院及台中住家間跑來跑去，白天回住家盥洗及處理工作，晚上則在醫院陪父親。

　　同一時間太太也跟著生了一場病住院，更沒想到我母親也因為不小心而腰椎骨折。短時間內，我一個人除了要跑榮總繼續診斷追蹤，還要照顧父親、母親及我太太，包括小女兒，現在想想還真不知當時自己是如何度過這人生的逆境。

　　在榮總追蹤持續了四年多，醫生拿起歷年電腦斷層的片子，逐一比對，問了我一句話：「你有沒有吃什麼東西或練氣功健身？」

我回答：「沒有」，但我信念堅定，每天都會運用潛意識來幫助自己。

他接著恭喜我說：「目前看來，這四顆腫瘤跟你和平共存，沒有多大變化，接下來只要一年回診一次即可，你繼續用你的方法維持。」

轉眼間也過了九年，在沒有開刀，也沒有吃藥下，我運用潛意識的力量來與腫瘤和平共存。

二十多年來，我曾經大量投資學習頂尖的賺錢技巧，追求一般世俗的價值。

但是我也發現，一旦將生活的目標成就建立在外在金錢物質世界，除了自己一定要努力外，還需要外在機緣的配合。然而成功實在難以預期，身心也容易隨之起伏動盪，不得安寧。可是如果能先以「自我身心提升」為人生目標，先改變自己，然後安然面對所遭遇的逆境，接受無法操之在己的人、事、物，那麼再加上所學習的方法、技巧，人生其實是比較容易邁向成功的。

我的人生經歷了許多不可思議的奇遇，又恰巧能大量地研究成功學和身心靈方面的智慧，包括禪修、前世今生、神經醫學、生命科學、量子物理、心智科學等。這對於了

解「生命存在意義」非常少的我，產生了莫大的幫助。

子曰：「吾十有五而志于學，三十而立，四十而不惑，五十而知天命，六十而耳順，七十而從心所欲，不踰矩。」

「立志」是一切成就的開始。

然後一切的努力，也是為了能夠實現夢想、不負此生！

從事教育訓練多年，發現每個人都渴望成功致富，但只有懷抱夢想、面對現實、下定決心、積極行動，才可能實現成功的人生。按部就班才是成功的唯一捷徑，從失敗中檢討反省自己，不斷修正，透過行動來實現目標。

創造全新的未來，是我們一輩子必須努力的事，但前提是要有意願改變。

為了蛻變，我們必須讓「意識」覺醒來改變自己的思、言、行，更要駕馭「潛意識」來打破自我的習慣，才能重生。

其實在每個人的潛意識裡都有一種足以創造奇蹟的神奇力量，只是絕大部分的人都不知道。當「心」和「腦」同步運作的情況下，我們的確可以改變自己。而唯一能改變命運的也只有我們自己。

這一本書是我二十年來投資數百萬元，生命中學習與領悟所整合的精華，透過所蒐集的眾多故事呈現給各位，

相信可以帶給大家不一樣的人生思考方向！

讓自己更清楚了解生命的目的和生活的意義。

祝福每一位讀者，都能不斷地超越自己，活出生命的精采……一個不平凡的自己。在這裡以最真誠的心，感謝過去曾經指導我的老師與扶持的人。也感恩父母親從小到大的栽培、信任和家人給予的支持。

謝謝時報出版，給我機會將這些成功哲理與生命體認，分享給更多為理想、為生命奮鬥的人！

柯迎華

$$\frac{I_C}{I_B}$$

$$E = \frac{1}{2}\hbar\sqrt{k/m}$$

$$\omega = 2\pi$$

$$= \frac{1}{2\pi\sqrt{CL}}$$

$$\vec{S} = \frac{1}{\mu_0}(\vec{E} \times \vec{B})$$

$$v = \sum \varepsilon \frac{F_n}{R}$$

$$E = m$$

$$\frac{1}{\mu} = \frac{c}{\sqrt{\varepsilon_r \mu_r}}$$

$$\sigma = \frac{Q}{S}$$

$$M_e = \sigma T^4$$

$$I_m^2 =$$

$$M_\odot = \frac{4\pi^2 r^3}{g T^2}$$

$$\vec{B} = \mu \frac{NI}{\ell}$$

$$= Fd\cos\alpha$$

$$T = \frac{4 n_1 n_2}{(n_2 + n_1)^2}$$

$$\vec{D}d\vec{S} = Q^*$$

$$p = \frac{E}{c} = \frac{hf}{c}$$

推薦序 —— 004

心得感想 —— 017

自序 —— 030

一、看見未來

設計成功藍圖第一步：選擇你的目標 —— 042

設計成功藍圖第二步：尋找最佳策略與方法 —— 070

設計成功藍圖第三步：行動中賦予彈性 —— 079

命運的測不準定律——生命的方向要自己尋找 —— 093

二、成功致富方程式

「量大」是成功致富最重要的關鍵 —— 107

尋找生命中的貴人 —— 113

人脈的基礎 —— 119

提升自己的能力 —— 127

提升能力的四種方法 —— 130

三、改變態度，邁向未來

（一）面對自己的人生 —— 157

改變的意願 —— 157

強化動機 ──166

企圖心 ──173

決心 ──181

（二）做人處事 ──199

真誠的態度 ──201

每個人都希望被尊重 ──208

覺醒的心 ──212

中台四箴行：「對上以敬，對下以慈；

對人以和，對事以真。」 ──215

四、詳細計畫，馬上行動！

沒有計畫，夢想終究只是幻想！ ──220

控制你的心，為成功做好準備！ ──230

五、駕馭潛意識、改寫未來

成功核心關鍵：槓桿思考 ──238

命運真的存在嗎？ ──241

命運的軌跡可以改變嗎？ ──248

找回生命的主控權 ──258

生命的目的與生活的意義 ──281

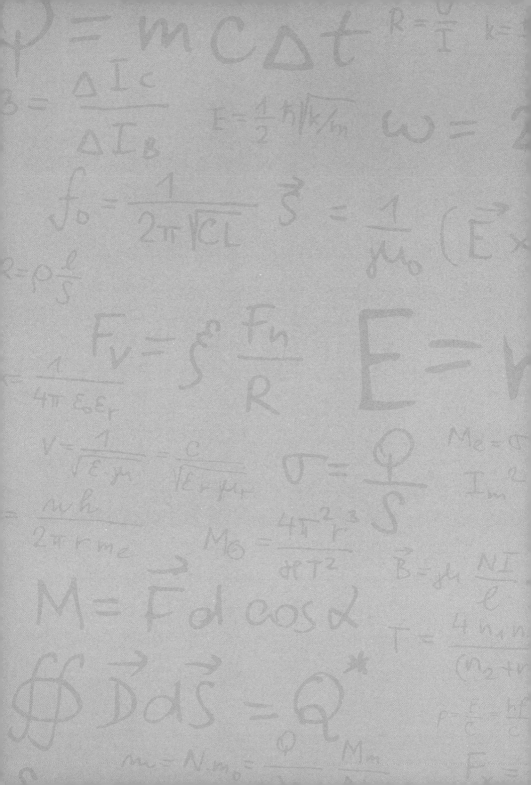

一、看見未來

不思考未來，
就不會有未來！

設計成功藍圖第一步：
選擇你的目標

假如人生可以重來，
你會選擇像現在這樣的生活方式？
……還是有勇氣地挑戰不同的人生？

我們開門走出去，是因為知道要去那裡；我們開車上高速公路，是因為先知道目的地；我們到機場搭飛機，是因為我們已經知道要去哪一個國家旅遊；每個人都會依自己原先的規劃抵達目的地。

當你看到一個不平凡的故事，裡面的主角排除萬難，在別人都認為不可能完成時，他卻成功了。

到底是什麼關鍵讓他成功的呢？

他又具備了什麼條件是你沒有的呢？

二十多年來，我一直在思考「我到底要去哪裡？生命

的意義又是什麼？」

大多數人的生命中，或許都渴望能夠實現自己的夢想，擁有豪宅、名車，享受豐盛的物質生活，成為億萬富翁，取得傲人的成就、名聲和地位。

而我也常逆著思考，難到活著只是為了追求這些外在物質和條件嗎？

金錢的確能讓我們過著比較舒適的生活，所以現實生活中，「錢」是很重要的。因為每天我們都需要用到錢，生活裡一切支出，房屋貸款、保險費、瓦斯費、水電費、伙食費等，所以如果沒有錢，很多事情相對都沒辦法做。

但如果活著只剩下以賺錢為人生目標，「錢」就有可能會成為痛苦的根源。

人有時為了衣食住行，一天到晚奔波忙碌，或者不斷地追逐世間名利，很多時候反而成了物質的奴隸、金錢的傀儡卻不自覺。因為這些外在的物質和條件並不代表人生的全部，也永遠無法填滿無形的心靈空虛。或許當你生一場大病，面臨生死時才能體會，人的生命是何其短暫！然後就會去思考「人生究竟應該要追求什麼？」

《孟子‧盡心上》：「古之人，得志澤加於民；不得志，

修身見於世。窮則獨善其身，達則兼善天下。」所以我也把人生目標分為「獨善其身」與「兼善天下」二方面。

「獨善其身」的目標就是要讓自己擁有「幸福的生活」，「幸福的生活」又可以細分「物質」與「精神」兩個層面，「物質」方面可以透過事業上的努力來完成；「精神」方面則透過修行智慧讓自己擁有「寧靜的心靈」。二者取得和諧平衡，生命可以更踏實圓滿。

至於「兼善天下」的人生目標，則是透過使命感來服務社會！

在幾十年的生命歷程裡，我學習到非常多的智慧，有跌到谷底的失敗經驗，也有成功的喜悅，我的目標是成就「獨善其身」與「兼善天下」，為了達成這個目標，我必須不斷學習、成長，就是期待有朝一日，可以將一生所學致力於「給人希望、給人智慧、給人力量」這份使命來實現生命的成就。

實現這些目標，就是我努力的方向！

然而有太多人活在一個「安於現狀」的世界，他們從來不知自己的潛能其實可以發揮得更高，生活可以更美好，

生命可以更有意義。因為沒有渴望就沒有你想要的未來，而渴望是發揮潛能最主要的驅動力。

人們無法成功，大部份是因為他們不知道自己想要什麼，甚至於在他們的內心其實是不想要成功的。或許可以說，他們不願意為成功目標而努力，他們不想付出代價來實現夢想。

台灣首富郭台銘也常說：「我是誰？我們要去哪裡？我們要怎麼去？」

電影「少林足球」中周星馳的一句經典台詞：「人如果沒有夢想，跟鹹魚有什麼分別？」

一個人如果沒有方向，就不會有策略，更不可能有什麼具體可行的計畫。

我相信其實每個人內心深處都有自己的夢想或人生目標，當你認真思考後，也許就會發覺你的人生方向，可能是成為你行業中的頂尖人物，擁有寧靜的心靈、健康、快樂，成為億萬富翁，對國家社會有貢獻，出國進修唸博士，還是只想要當一位好爸爸等等。然而在夢想與現實之間，我們的價值觀一旦失焦錯亂了，生活就會產生不平衡，比如這輩子「有錢」比較重要還是「實現夢想」？

我相信大多數人都曾經思考過同樣的人生問題，現實

的確是非常殘酷的！

有人為了生存，為了賺錢，只能無奈地勉強自己去工作，因此可能被困在做一些你不是很喜歡，收入還算穩定的工作，但心裡卻始終還有想要完成夢想的念頭。

工作的意義到底是為了什麼？

這時候意義似乎也只剩下「生存」而已！

因為日常生活裡柴米油鹽的生存需求可能就把我們搞得焦頭爛額了。

此時夢想通常也會變成不太實際，可能是需要的資金太龐大、競爭對手太多、能力不夠、困難度太高，距離太遙遠，最後就不了了之，然後只能過著平淡無味的一生。

「真誠地相信自己的信念，跟隨你的心，追隨你的夢想。當你還在夢想時，將夢想擴大，不要輕易就安於現狀。」

Be true to what I believe.Follow your heart, follow your dream. While you are still dreaming, dream bigger,don't settle down.

——Starbucks CEO 霍華・舒茲（Howard Schultz）

成功，是一項內心工程。你的外在世界其實只是內心世界所反映出來的。

如果想改變外在生活，就必須先從改變內在想法開始。

成功者的想法其實都是很類似的，其竅門就是，找出自己生命中最喜歡做的事情，從興趣、專長、專業、願景中，找出想投入的領域中，然後把它做到極致！

想成功就要不斷去釐清你內心真正的渴望是什麼？

你是誰？你想追求什麼？

什麼可以觸動你的心？

什麼是你渴望探索的奧秘？

什麼事會讓你樂在其中，忘記時間的流逝？

什麼是你所擅長而想跟大家分享的？

什麼事會讓你很開心，就算沒有錢拿，你也願意做？

這個社會、國家因為有你什麼樣的付出、貢獻而更美好？

如果你能變成自己欣賞的人，那個人會是誰？

隨時檢驗自己的理想實現了沒？

人生如果沒有目標，就會像出海航行而沒有羅盤的船，只能在大海中盲目的航行或隨波逐流，甚至原地打轉，這樣其實都只是在浪費生命。

殊不知生命是何其短暫！

不要忘記，你就是你命運裡的船長，一定要先找到「目

標」與「地圖」以及隨時能夠「定位方向」，這樣成功的機會比較高，速度也比較快！

我常舉例，如果想從台中開車上高速公路往台北，結果上錯往南的交流道，當我開得越快，距離目標只會越來越遠，所以一開始方向最重要，方向確定了，努力才能達到你要的結果。另外，當你徹底明白了自己想要什麼，一旦機會出現時，你立刻就能認出「這就是我想要的」，否則即使有再好的機會，你也可能因為躊躇懷疑，視而不見。

知道目標才能發現機會。

人生是一道選擇題！

選擇安於現狀，必須面臨失敗與平庸？

選擇勇於改變，必須面臨失敗與成功？

你的選擇直接決定了你的人生。

看見終點，從現狀中醒悟過來……

在建造美國舊金山金門大橋時，工程師必須先了解一座大橋的力學結構、建築工法與步驟，其次他們會在心中勾勒出一座橫跨海灣的理想圖畫，接著用筆把它描繪出來，再來則是將根據那些已經證實有效的建築原理加以運用，

橋梁才得以建造出來。

　　如果華特‧迪士尼內心不曾預見迪士尼樂園，那麼他就不會創建世界上第一座迪士尼主題樂園。

　　1878 年萊特兄弟第一次收到父親送的飛行玩具，他們看到一架上了橡皮筋發條的玩具飛上了天空，於是開啟他們的飛行夢想，最終把此靈感落實成真。

　　預見未來開始於想像，而且堅持相信夢想總有一天一定會實現。

　　同樣地，大部份的成功者都會有自己設計的成功藍圖，然後一步一步地朝此目標前進。要到達目的地，先得知道自己究竟欲往何處，只要你心中清楚明瞭，那麼你在過程中所踏出的每一步都會是值得的，因為這些目標能充分反映出自己最重視的價值。

　　價值代表你的選擇，也是你的人生目標。

　　實現美好的人生，首先一定要先發現你的熱情和渴望，接著具體描繪未來的目標，並且常常思考「我的人生是為了什麼而存在？」

　　為了十年後的你，從現在開始，你將要怎麼過？當你思考的越仔細，心中的藍圖就會越清晰，成功的機會就越

高。

一般人其實是不太清楚自己真正要的是什麼？當然更不可能有達成目標的具體行動步驟。所以日子只好一天一天地混過去，生命就這樣隨波逐流而虛耗了。

有一段話值得我們深思：「你永遠不可能強按著一頭不想喝水的牛去喝水，同樣地，你也不可能在你自己不喜歡的領域，取得此生你所能取得的最大成就。」

> 為錢工作，內心充滿無奈，
> 人生終將後悔！
> 而為理想工作，則內心永遠充滿熱情，
> 人生絕對無悔！

偉大的蕭伯納是一位很有成就的劇作家、小說家和散文家，而且是得過諾貝爾文學獎的大師。蕭伯納是一個窮苦的愛爾蘭人，只唸過五年學校，1876 年，他的父母離婚。

蕭伯納告別了年邁的父親，離開了貧困的愛爾蘭，跟隨母親來到倫敦。年輕的蕭伯納沒有工作，靠母親微薄的薪水維持生活，十分渴望能找到一份適合的工作，他先在

愛迪生電話公司外務股找到一份差事，可是不久這家公司倒閉了，別人幫他介紹到《大黃蜂》報社撰寫音樂評論，但是不久這報刊也停刊了。

非常無奈的蕭伯納想以寫作謀生，但是他並不順利，他接連寫了五部長篇小說，全部被六十家出版社所拒絕，這更令他沮喪不已。然而他的內心非常渴望能成為一個偉大的作家，因此他辭去工作，專心寫作。

整整九年以後，他才能完全靠寫作為生，這九年裡，他全部收入才 6 英鎊，而其中 5 英鎊還是代寫賣藥廣告的報酬。

但皇天不負苦心人，1925 年，蕭伯納終於獲得了諾貝爾文學獎，成為最享盛名的作家之一。同時，他把這筆約合 8 千英鎊的獎金捐給了瑞典的窮作家們。

現在，我們是否應該也問一下自己的心：「我究竟渴望自己能成為什麼？」

> 「只要想到來自世界各地不相識的人們，
> 都被我的音樂所感動，我就感到無比的喜悅。
> 將這樣的音樂傳遞給大家，
> 也成為我畢生的職志。」

—凱文・柯恩 (Kevin Kern)

浪漫動聽的「綠鋼琴」是凱文‧柯恩（Kevin Kern）跨入樂壇的個人成名作品。他的每張專輯一發行，都全數在美國Billboard榜上留下傲人的紀錄。雖然凱文‧柯恩有「現代蕭邦」美名，但他一出生就重度弱視，只能依靠觸覺和感覺來摸索，也正因為如此，他反而多出一份其他鋼琴師無法擁有的細膩感。

　　凱文‧柯恩一歲半就可以在鋼琴上彈奏《平安夜》；4歲時請私人教師教授樂理及古典鋼琴；9歲開始作曲並完成第一首正式的作品「Keeper」；14歲開始受聘演出，並組了個小樂團；19歲進入密西根大學音樂系，同時接受底特律交響樂團鋼琴手Mischa Kottler的指導。

　　特殊天賦的指引，讓「鋼琴家」成為他一生的夢想。

　　然而凱文‧柯恩在成名之前，生活其實熬得相當辛苦；他的眼睛幾乎是失明的，看不見指揮的手勢，他就無法跟交響樂團演出，所以失去了許多表演機會。因此就算他有再好的能力與才華，也無法找到他自己的舞台。

　　但是熱愛音樂的他，仍然不放棄任何可以表演的機會。有一天他正在某間飯店的大廳駐台演奏。

　　碰巧這時Real Music的老闆泰瑞斯在場，就立刻被凱文‧柯恩的音樂深深吸引了，當天就約定到錄音室試音，

於是，凱文・柯恩正式結束了長達三十年的蟄伏等待，終於遇到他生命中的貴人。

他以才華和堅定的信念，加上努力不懈來達成夢想。

> 「一位北大的學生跟我說，我們系裡二百六十
> 個同學，至少兩百個是迷茫的。
> 大家現在都在拼命地投簡歷，然後挑個錢最多
> 的工作，並不知道自己想做什麼」。

—李開復發表於微博的一段話

在飯店旅館行業裡，一般三至五年就會更換一任總經理，如果有人一當就是二十一年，而且業績還非常的好，無庸置疑地，此人絕對是一位很優秀的總經理，他就是墾丁福華渡假飯店總經理張積光，1998 年 5 月，他被委以重任，前往墾丁籌備設立福華渡假飯店，而後成為總經理，在占地三萬坪的渡假飯店裡，總經理張積光幾乎以飯店為家，篳路藍縷，化不可能為可能。

2016 年墾丁福華渡假飯店更獲得世界奢華山林渡假山莊獎，成為墾丁之光。自軍中退伍後，張積光對於旅館服務業

有股莫名熱愛，所應徵的第一份工作，只是擔任台北統一飯店的警衛，警衛工作不僅薪水很低、三班制，還必須到處巡邏，一天中有八個多小時都必須站著值勤，其實非常辛苦。他回憶當時常常從廚房一路巡視到地下室機房、水塔，幾乎飯店每一個地方都有他的足跡。也因為藉著巡視各部門的機會，很多主管不知的經營管理細節，他都瞭若指掌，這期間他藉著不斷地問、學習，然後落實於行動。因為表現傑出，所以逐步高升，一路從警衛、服務員、總領班、副理、經理、最後成為獨當一面的五星級飯店總經理。

張積光從發現自己的理想，開始一步一腳印地經歷飯店裡的各個部門，透過歷練造就自己成為一個了不起的人物，事實證明了，即使是從一個警衛開始，只要能以總經理的思想格局來規劃人生，做別人不願意做的事，用心做好每一件小事，終究能成為一位頂尖高手。

在長達二十一年的時間裡，每週從台北搭飛機或坐火車、高鐵到高雄，再由高雄搭專車二小時到墾丁領導整個團隊，我想這一大段路程，就不是一般人可以忍耐得了。大多數的經營者只是想盡辦法安逸、平凡度日，業績普通即可，然而如果只是做到這樣，當然也不會有什麼特殊成就的。我認識許多行業中的佼佼者，張積光奮發向上的真實故事，

絕對是我們學習的榜樣。

好好思考、決定自己比較適合扮演什麼角色，然後讓自己發光發亮！

多年以前我聽到電視主持人在訪問節目製作人王偉忠先生：「如何面對自己的人生？」

王偉忠回答：「『順』著天賦做事，『逆』著個性做人。」

一般人則剛好顛倒，大多數是「『逆』著天賦做事，『順』著個性做人。」如果不了解自己的天賦，一切向「錢」看，只為「錢」工作！完全背道而馳，那要如何成功呢？

順著天賦就是先找出某項天生具有熱誠的思想、感覺、技能等特質，因為這些特質最容易擁有快樂、成就感、也可以激發熱情，帶來源源不絕的內在動力。然後應用在工作上時，再結合知識、經驗與練習來建立真正的能力，讓自己發揮到最棒。

「傾聽自己的心聲，做自己喜歡做的事情，這樣的人生或許會經歷變化和曲折，但是我認為是最有價值的，也是最好的生活方式。」

—美國第六十七任國務卿 希拉蕊

有一次在 YouTube 看到觀眾請教史帝夫・賈伯斯，談「創業最需要的是什麼？」

　　賈伯斯說：「你要對你做的事情具備熱情，這絕對是真的，而其中的原因是，因為創業是如此的困難。

　　如果你對它沒有熱情，任何有理智的人都會放棄，真的很困難，而且你必須堅持很長的一段時間，所以如果你不愛它，你做這件事的時候沒有獲得樂趣。你不是真的熱愛這件事情，你一定會放棄，這幾乎是每個人都會做的事情。

　　如果你認真仔細去觀察，那些在社會上所謂獲得成功的人，都很熱愛他們所從事的事情，所以他們能夠堅持的下去。當情況越來越艱辛的時候，那些不是真得這麼熱愛的人呢？

　　就放棄了！

　　就像人們常說的，沒有愛誰能忍得下去？所以創業真的非常辛苦，而且你也會一直憂慮，然後，如果你沒有熱情，你注定就會失敗，所以愛你所擇，保持熱情。」

　　古今中外的成功人士都認為，最聰明的行為，就是一生中只去做最符合人生目標的行為。因為他們根本就沒有工作過，他們只是在做自己最有興趣的事情。

　　其實從事任何工作的態度都如同創業一樣，既然選擇

了就應該充滿熱情去面對它，然而大部分的人都是為了生存而工作，為了賺錢而工作，只有極少數人能像賈伯斯把工作變成興趣，在工作中實現他的理想，他的成功如此鼓舞人心，不只是因為蘋果製造出很好的電腦、手機，更是因為他擁有改變世界的熱情，這就是他的秘訣。

這個世界會為那些知道自己要去哪裡的人指路

—愛默生

在台灣，聽到「打擊樂」三個字等於「朱宗慶」，朱宗慶從小就熱愛音樂，夢想是成為高中校長，24 歲就當上省立交響樂團打擊樂首席，但內心仍然有著對音樂更深入的熱情與渴望，25 歲時，他毅然而然放棄穩定的工作，前往奧地利國立維也納音樂院深造，那段時間，他拼命學習，每天練習七至八小時，以兩年半的時間創下該系最短的學習紀錄，1982 年成為華人第一位拿到打擊樂演奏家文憑的音樂家。

深造其間他更擬訂了十五年計畫，將來回國要先由個人訓練開始，再到團體訓練，培養好的夥伴出來後，再從演奏、教學、研究、推廣，一步一步地走向心中的朱宗慶

打擊樂團。

2006 年當上台北藝術大學校長，實現了當校長的夢想，2017 年更接任國家表演藝術中心董事長。內心對音樂的熱情，朱宗慶傳遞了欣賞音樂的美好，也為自己帶來了事業上的成就。

2008 年夏季北京奧運中，蘇麗文代表中華台北跆拳道女子五十七公斤級出賽，第一戰中左膝受傷了，在取得復活賽資格，出戰紐西蘭選手時，蘇麗文強忍傷痛上場，幾次不支倒地卻爬起再戰，獲勝晉級，有機會爭取銅牌，但退場時已經必須被教練背著出場了。

隊醫檢查表示韌帶可能斷裂，建議放棄比賽，但是蘇麗文表示要繼續。然而面對銅牌戰對手克羅埃西亞，蘇麗文已經無法用左腳站立，只用右腳單腳支撐身體，以受傷的左腳進攻。比賽過程中蘇麗文多次又因傷痛跌倒，教練與防護員數度上場，裁判主動詢問蘇麗文是否願意退出比賽，但她堅持要奮戰到底。

第三局結束，四比四平手，進入第四局延長驟死賽，克羅埃西亞選手先有效攻擊得分獲勝，
蘇麗文落敗屈居第四名。

蘇麗文在對戰過程中跌倒了十一次，每一次都艱難地重新站起來，一直奮戰到最後一局。而她奮戰不懈負傷出賽的畫面，透過電視傳送到每個觀賽的國人眼裡，深深感動了大家。

　　據說，在蘇麗文準備北京奧運的訓練時，她的父親被診斷出罹患鼻咽癌，兩人約定好，在台灣的父親要力抗癌症，而遠征北京的女兒則是要全力爭取金牌，兩人一起努力奮鬥。

　　有人問蘇麗文：「為何不放棄？」

　　蘇麗文的答案是：「請不要剝奪我的夢想。」

　　為了父親，為了國家，為了自己的夢想，這是多麼不容易啊！

　　蘇麗文用生命奮戰到底，跌倒了、再站起來，雖然輸掉比賽，但蘇麗文的精神卻贏得尊敬。

　　已故「帽子歌后」鳳飛飛，在 15 歲那一年，砂石場開貨車的父親因為受傷，她毅然而然放棄學業，一人獨自來到台北酒店駐唱。

　　她說上台機會還不一定每天都有，有人生病請假或出國才有可能上台，常常等了一個晚上，還等不到一個墊檔

的機會，只好再拿著化妝箱回家。回憶往事，她掉下淚說：「當時，窮得都想去當小偷了。」

有一天半夜回到租屋處，心裡很悶，爬到屋頂上，對著沉寂的星空唱歌、說了很多話，告訴自己：「唱歌吧，我一定要成功！」

剛出道時，日子很苦，吃飯得省吃儉用，一餐最多 2.5 元；上班不敢坐車，都用走路的，從三重走到台北，要花二個小時，冬天上班，到了歌廳，鼻頭都還紅紅的，下完班，再走路回家。

這樣的日子過了四、五年，仍不見好轉，灰心極了，不斷地問道：「何時才能出頭天？」

皇天不負苦心人，直到民國 61 年，她推出了個人首張專輯《祝你幸福》才開始走紅。一輩子出了無數唱片，並在 1982 年與 1983 年兩年蟬聯獲得金鐘獎最佳女歌星獎。鳳飛飛很清楚她的夢想就是「唱歌」，即使在很困苦的情況下，依然懷抱著希望，終於等待黎明來臨。

> 充份規劃人生的願景，
> 並且有計劃地完成那些目標。
> 準確的自我定位是快速崛起的成功之鑰。

1953 年哈佛大學進行了一項有關確立目標的研究。學校對一個五十二個人的班級進行一份問卷調查，內容是有關他們的目標。

　　結果顯示有 3% 的學生能清楚地寫下了他們具體的目標，有 10% 的學生覺得自己內心有目標但不會白紙黑字寫下來，另外 87% 的學生說他們目前沒什麼目標。

　　二十年後，也就是 1972 年，學校向同一批人再次發放問卷。

　　結果顯示，一開始明確自己目標的那 3% 學生，擁有的財產超過另外 97% 學生的資產總和。

　　因此哈佛大學的結論認為：「獲得極大成就的最主要關鍵，就是早一點明確自己具體的目標，並且付諸行動。」

　　以漫畫《孔子》、《孟子》、《老子說》、《莊子說》等作品聞名華人世界的漫畫家蔡志忠，九歲時就立志做漫畫家，1985 年獲選為台灣十大傑出青年，作品在三十多國出版，總銷量達 4000 萬冊以上，有一次接受訪問談「如何才能成功？」

　　蔡志忠說：「讓美夢成真的唯一方法，就是從夢中醒來！」

　　一個人想要不失敗，最重要的是了解自己，愈早知道

「我是誰？」、「我能做什麼？」、「我不能做什麼？」，
愈可能遠離失敗。他認為成功應該源自於「自我分析」，
因為最難了解的其實是自己。

蔡志忠說自己第一時間知道漫畫畫得比別人好，就是
成功的關鍵，他也強調努力不是成功的保證，並舉了一例
說明：「我家有隻北京犬，每當我們在三十公分高的榻榻
米上吃飯，牠就一邊汪汪叫，一邊設法跳上來，無奈腿短
身長，牠活了十四年，一次都沒跳上來過，你以為牠不夠
努力嗎？

我家另外有隻波斯貓，跳上跳下像隻松鼠一樣，這與
努力也無關啊。」

同樣地，如果鳥不認為自己是鳥，而去學游泳，相信
再怎麼努力也會徒勞無功。

如果魚不自知自己是魚，而去學飛翔，無論多用力，
都不可能飛很高、飛很遠。

通常我們挑選哪一位醫生、律師、水電師傅等，我們
在意的也都是對方的專業技能，能不能幫我們處理問題，
我們會在意他的其他才能嗎？

我相信絕對不會！

所以一個人只要把自己最擅長的事，做到最極致，就

會很成功、很有名、很有錢。

成功，只是隨之而來的附屬品。

因此我們應該盡量尋找符合自己優勢的生命價值觀來工作！

曾雅妮在 6 歲就拿起第一支高爾夫球桿，10 歲時，每天就要練習三百顆球！每週一到週五的晚上還要去練習場練兩小時推桿、揮桿，週末再到球場打九洞、十八洞。

19 歲就成為台灣第一位在女子美巡賽中贏得大滿貫賽冠軍的高爾夫球選手。並在 22 歲時，成為世界職業高爾夫球排名第一。

美國高爾夫球手老虎伍茲在兩歲時就懂得打高爾夫球，被譽為天才兒童。5 歲時已經出現在有名的高球雜誌上。1984 年獲得 9 ～ 10 歲少年組世界冠軍（Junior World Championships），當時他只有 8 歲。

接下來他曾拿下六次少年組世界冠軍，1988 年到 1991 年連續四年奪冠。

1991 年、1992 年、1993 年伍茲拿下美國少年組業餘冠軍（U.S. Junior Amateur）。

接下來的三年他又連拿三次美國業餘賽（U.S.

Amateur）冠軍。

2004 年 9 月的連續二百六十四周蟬聯世界排名第一的紀錄才被打斷。

24 歲拿下 PGA 錦標賽、英國、美國公開賽冠軍，成為史上第五位，也是最年輕拿下四大滿貫的高球選手。

2005 年在電影「翻滾吧！男孩」演出的「菜市場凱」李智凱，2017 年在世界大學運動會以大量高難度「湯瑪士迴旋」完成的鞍馬動作，奪下鞍馬項目的金牌，也是台灣在世大運史上第 2 面男子競技體操金牌。

李智凱出生於宜蘭縣，父親是挖土機司機，母親是市場菜販，念幼稚園時因為身體柔軟度佳而被體操教練林育信發掘，在父母親的同意下，從六歲就開始練習體操，經過十五年的努力，終於得到世大運金牌。

而成功來臨之後又帶來了更多的成功。

2018 年雅加達亞運再度榮獲鞍馬金牌，接下來將朝著 2020 年東京奧運邁進。

台灣史上首位羽球女子單打項目世界排名第一的戴資穎，從小就受到父親熱愛羽球的影響，1994 年出生，7 歲

持拍，12 歲便成為羽球甲組球員，2009 年 15 歲時即開始參與國際賽事。2016 年榮登世界球后。

2018 雅加達亞運，又奪下女子單打羽球金牌，展現了自己的實力。

台灣職業網球選手盧彥勳，生涯贏得二十七座 ATP 挑戰賽單打冠軍，為史上最多男單頭銜紀錄保持人。盧彥勳 5 歲時，喜愛網球的父親便常趁著店內休息後，帶著全家至網球場看哥哥練球，而他在耳濡目染下開啟了對網球的興趣，升上小二後加入該校網球隊開始練球。

從許多國內外知名運動選手，包括上述曾雅妮、老虎伍茲、李智凱、戴資穎、盧彥勳的成功經歷，我們可以發現，他們幾乎都是從小就在家人支持之下，很快就發現自己熱愛的運動天份，然後經過教練的教導，再靠著本身的努力與毅力的堅持，終於得到世界冠軍。

這些例子都印證了愈早知道「我是誰？」、「我能做什麼？」，然後把自己最擅長的事，做到最極致，就會成功。

必須正確了解自己內心的需求，成為理想中的自己！

《哈利波特》作者 J·K·羅琳（J. K. Rowling）在窮困潦倒之際，用豐富的想像力創造出哈利波特的奇幻世界。

　　有好幾年的時間她雖然很努力賺錢，但也只能勉強維持最基本的生活所需。創作《哈利波特》頭兩本作品時，甚至還在領社會福利救助。《哈利波特：神祕的魔法石》曾被英國十二家出版社拒絕，完全沒有人看好她，一年後才被認為「值得印成一本書」，而且只以 4 千美元賣出了她人生第一本作品。

　　直到今天，光是《哈利波特》首部作品，已經賣出超過 1 億本，一系列小說更是逼近四億本，是全球銷售最好的系列作品之一。J·K·羅琳也因此賺進了約 10 億美元。

　　成名以後，J·K·羅琳曾在哈佛大學的畢業典禮致詞說：「那時我是個單親媽媽而且沒有工作，除了還有屋子棲身之外，幾乎是英國最窮的人。」

　　還沒成功之前，她曾經非常憂鬱，覺得自己是一個非常失敗的人，甚至想過自殺。後來她立志要寫作，告訴自己：「一定要當一個把才華發揮得淋漓盡致的人。」

　　找到天賦，不懈的努力加上堅持的毅力，終於讓她成功致富！

> 先有夢想才有步驟！
> 想要成功，你的行為，
> 一定要有一個夢想來引導！

　　美國「飛魚」菲爾普斯（Michael Phelps）於 2016 年里約奧運奪下五金一銀，累計拿下二十三面奧運金牌，成為史上最多奧運金牌的運動選手，他的游泳教練 鮑伯・波曼在《金牌法則》中也提到：「你必須知道，在未來旅途的某一天，自己想要去哪裡，想要做什麼，想要成為什麼樣的人。」

　　「當我第一次叫麥可在紙上寫下未來的願景，當時還不滿 13 歲的他很懂得怎麼想像。他寫道：「我的夢想是在奧運贏得金牌。」

　　而菲爾普斯在第一本著作《夢想，沒有極限》也說：「自 1998 年到 2003 年，長達五年的時間，我們不知放假為何物，因為暴風雪我休過一天，拔智齒休過二天多一點。聖誕節、感恩節、生日，通通游泳池見。」

　　成功者的特質，即使工作訓練非常辛苦，他們仍然享受著所喜愛的選擇。

　　麥可・菲爾普斯今日的成就，皆源自於 12 歲時的夢想，然後一步步邁向目標！

2016 年，我在網路看見一則新聞標題，深深吸引我：「向大海要電力 昔日「牛肉乾大王」轉身開拓新能源」。

　　一位「牛肉乾大王」，杭州綠盛集團董事長林東，竟然可以從食品行業跨進新領域，他是繼馬雲之後第二位登上《富比世》雜誌的中國企業家，花了七年時間，投資 2 億人民幣，用完全自行研發的世界裝機容量最大的潮流能發電機組。

　　他告訴記者，「我兒時有兩個夢想，一個是做企業家，一個是做科學家。」當時企業家的夢想已經實現了，所以希望能夠實現另外一個夢想。團隊在太陽能和風能上還先後遭遇兩次失敗。

　　2009 年，潮流能因其清潔無污染且可再生，林東開始了第三次嘗試海洋潮流能，他決定嘗試，僅管成功的概率僅有 1%，而且幾乎沒有人相信他能成功，包括他的家人。抱著強烈的使命感，他說：「如果我不做，愧對時代和人生。」於是他努力研究「大量潮流能發電」的相關資料與書籍，不斷修正進步，終於成功開發出世界首座能發電三點四兆瓦的潮流能發電機組。

　　這項創舉驚動了全球，美國國家地理頻道還特別前往拍攝專題影片。

創新的夢想，只有堅持者能成功。

相信自己吧，在夢想的路上找到自己的答案！

經過這麼多年的研究，我發現大部分的人不能確立目標的 5 個原因：

1. 不願意對自己的人生負責。

2. 不明白設立目標的重要性。

3. 不知如何確立目標。

4. 沒有自信。

5. 害怕失敗、被拒絕和恐懼。

找出你所有的原因，克服它吧！

設計成功藍圖第二步：
尋找最佳策略與方法

行動和速度是成功致富最重要的關鍵！

人生如同一盤棋，時時是玄機。

假如我們想成為這盤棋的勝利者，那麼就要花點時間好好研究這盤棋該怎麼下？

也就是如何過這一生？

因為人生就像作戰，都需要戰略謀劃，否則，下錯一步棋，隨時都有可能落得失敗的下場。

研究成功學二十多年，我發現一般人都是靠自己學習慢慢摸索，然而這絕對不是最佳的學習方式，因為無知的代價太大，而進步的速度太慢，花費的時間成本過高。成功最快的方法，其實就是使用別人已經證實有效的方法。

然而到哪裡才可以尋找到這些證實有效的方法呢？

我建議最好從「幫成功者工作」開始……

如果你研究任何成功的人，會發現他們都曾經幫一位或多位成功者工作過。因此你想獲得重大成就，想要非常成功，你必須幫他們工作！一個成功者之所以成功，一定有他成功的地方值得我們學習，也許是它的專業、態度、能力、方法、行動力、人脈等。

更重要的是，他還會教你如何避開失敗的地雷，注意哪些不必要的風險以避免傾家蕩產，成功路上可以讓你走的更為穩健。

所以成功的第一關鍵就是「環境」。

能夠跟在頂尖高手身邊，就可以近距離觀察到他到底懂了什麼我們不知道的 Know How？他是如何思考、如何做計畫、如何達成目標、如何建立人脈？他是如何豐富別人的生命、如何獲得成功、如何超越自我、追求卓越？學習他的成功經驗，就能節省許多寶貴時間，也才能在最短的時間達成自己所設定的目標。

在競爭的的環境裡，你如果不是處於領先地位或擁有優勢，那麼你就是落在人後或是沒有優勢，因此你必須具

有領先的優勢，而要達成這個目地，你必須精通一門學問，而最快、最輕鬆的方法，就是跟這方面的頂尖人物學習。

華倫‧巴菲特是世界最富有的投資人，擁有幾百億美元的身價，他在念大學四年級時，看了葛拉罕（Benjamin Graham）寫的《智慧型股票投資人》一書，對巴菲特來說，這本書開啟了他的智慧，他知道葛拉罕在哥倫比亞商學院教書，於是就進入這所大學跟著葛拉罕學習，並獲得經濟學碩士學位，其中證券分析這堂課中，葛拉罕給了巴菲特A+，這在葛拉罕的學生中是絕無僅有的。學習奠定了華倫‧巴菲特在投資方面的興趣與基礎。

畢業之後，巴菲特希望在葛拉罕的投資公司工作，甚至不要求薪水，但葛拉罕拒絕了巴菲特很多次，三年後才同意雇用巴菲特，巴菲特花了兩年時間，接受老師的教導。

巴菲特在25歲時，回到故鄉內布拉斯加州的奧瑪哈，跟七位投資人合作成立巴菲特公司，最初的股本只有100美元。結果在五年後，他就變成了百萬富翁，然後逐漸變成有史以來最著名的股票投資人。

最近拿下米其林一星的台灣RAW餐廳創辦人江振

誠，20 歲那一年就當上西華飯店法國餐廳主廚，成為台灣餐飲史上最年輕的法國料理主廚。36 歲時成立的新加坡 Restaurant ANDRE 獲選為世界五十大餐廳和新加坡最佳餐廳第一名。江振誠在唸淡水商工餐飲科時就很清楚自己的事業藍圖，他說：「料理，就是我的志向」。

為了跟最優秀的人學習，他高一就去希爾頓飯店打工，高二進入西華飯店打工，最後再去法國跟著米其林三星主廚 Jacques & Laurent Pourcel 學習真正最頂尖的法國料理，經過七、八年的薰陶，終於獲得極高的成就。

網路上甚至還有網友分享說：「RAW 是全台最最最難訂位的餐廳一點都不為過。每天可供訂位的時間基本上只有一秒！」因為 RAW 每天都只會接受未來兩周內的預訂，如果你沒有在 12 點整點時點進去成功訂位的話，基本上就訂不到了，因為不出幾秒就額滿。」

想想一家餐廳可以開成這樣，訂位秒殺，的確非常成功吧！

除了透過環境幫成功者工作外，再來也可以向成功者、專業顧問或教練諮詢，請他們給你一些不一樣的意見，從不同的角度來幫你分析。

研究你做對了什麼？做錯了什麼？

在目前的狀況下，該選擇哪一種策略，採取什麼樣的行動才是最合適的。而一般人已經習慣在自己的領域，每天在同樣的環境裡做同樣的事，當然也只會得到一樣的結果，即使他有多渴望突破，但終究是看不見自己的盲點。無法改進，也就很難進步。

2007 年，世界行銷大師 Jay Abraham 即將來台演講時，短短的文案介紹就吸引了許多人報名。

Jay Abraham 在過去三十年，已經輔導過四百七十個行業，一萬八千多家企業，如 IBM、微軟、花旗銀行、AT&T 等公司。其中，有 95% 的企業營業額成長 30%，有 66% 的企業營業額成長 120%，有 42% 的企業營業額成長 300%，有 12% 的企業營業額成長 500%，世界第一潛能開發大師安東尼 · 羅賓也替他背書說：「我運用 Jay Abraham 的行銷策略，讓我從負債、公司瀕臨倒閉，一年之內成為世界第一名、暢銷書作者、億萬富翁。」

暢銷書作者馬克 · 韓森也說：「我在《心靈雞湯》出版前，去找 Jay Abraham 做諮詢，他教了我們兩招，我的書因而大賣，全球暢銷一億本以上。」

暢銷書《有錢人想的和你不一樣》作者哈福·艾克：「我參加 Jay Abraham 的課程，在五個月內，我不但賺回 5 千美元的學費，月收入從不足 2 千美元，跳升到每個月賺 1 萬美元以上，而且從此沒有掉下來過。」

　　看完上面簡單的介紹，假如你想提升行銷能力，創造更高的業績，相信你一定會報名。我聆聽了行銷大師八小時演講的代價是新台幣 2 萬元，代價不菲，但絕對值得，因為他增進了我的智慧，可以讓我省時、省力又賺更多錢，也讓我受益一輩子。

　　人際關係專家哈維·麥凱也曾經說過一段話：「如果有一天你因為身體不適看醫生，你希望自醫學院成績最後一名畢業的人幫你動手術嗎？」

　　我想沒有人願意。

　　如果你想要市中心最好的外科醫生，就應該詢問被他們開刀過的人意見？而這些人是誰？

　　他們通常是在自己的領域中最好、最成功、最有名的人。

　　任何一位成功者、政商名流、有錢人，都不會願意冒著生命危險，接受一位沒有高度醫學經驗的菜鳥幫他操刀。通常他們只會找「最好的專科醫生」。

　　同樣的道理，他們遇到麻煩的訴訟問題，也會聘請「最

好的律師」上法院辯護；遇到投資、稅務分析，就會找「最好的會計師」處理財政規劃；當人生碰到疑惑、想不透、迷失時，自然會去尋找「最好的心靈導師」釋疑解惑，「最好的設計師」、「最好的英文老師」、「最好的水電師傅」……

想要尋找最佳策略解決問題，其實就是要和最成功的人一起找尋最好、最優秀的人。

三國時期劉備遭劉表小舅蔡瑁設計誘往赴宴，準備伺機殺害，雖僥倖脫身，但仍落荒而逃，後遇高人水鏡先生，請教如何才能成就大業？

水鏡先生告知劉備：「這世上，英雄不少，但胸有大志者多，成其大業者少，為何呀？

假如你想要一飛沖天，那總得要兩隻羽翼相助吧？也就是文武兩翼，將軍是武強文弱，關羽、張飛、趙雲都堪稱萬人敵，但孫乾、簡雍、糜芳等人都不是經國濟世之才，所以，將軍只有一隻羽翼，缺少一位仰觀天下、胸有韜略的軍師！」

水鏡先生一開始提到，若「臥龍」、「鳳雛」兩人得其一，便可安天下，最後推薦了徐庶擔任劉備的軍師。徐

庶一上任就立刻遇到曹操大將曹仁率兵攻打新野，徐庶最終破了曹仁的八門金鎖陣，大敗曹操大軍，曹仁只剩百騎逃回許昌。劉備因此激動地對徐庶說：「我起兵二十餘年，屢戰屢敗，從來沒有像今天這樣大勝，而且戰勝的是曹軍主將曹仁，先生，你不但帶給我勝利，更帶給了我信心。」

從這段故事可知，「成功一定有方法，失敗一定有原因」。

劉備如果沒有得到水鏡先生的指導，就不知道自己的問題原來是缺了一位優秀的軍師，只想靠蠻力要成就大業是不可能的。如果沒有徐庶出謀劃策，劉備恐怕只會繼續打敗仗，最後走向失敗。當然也就不會有後來的三顧茅廬，向年僅 27 歲的諸葛亮請教統一天下的策略。

後來諸葛亮向他陳述三分天下之計，分析此時曹操擁兵百萬，挾天子以令諸侯，此時絕對不可與之爭鋒；孫權據有江東，國險而民富，兵精而將勇，只能聯之為盟，不可與之交戰；又詳述荊襄九郡，民生富足，四通八達，是上天賜給劉備的根據之地；再來可以揮軍西向，攻取益州，因為物產豐富，可養兵百萬，並提醒他當年漢高祖劉邦就是從川地起兵，而得天下，成帝業。然後應該南撫彝越，西和諸戎，外結孫權，內修軍政民生，最後可以取許昌，

滅了曹操。

　　諸葛亮告訴劉備，依此方略，十年之內，大業必成，再十年，天下可定。

　　「隆中對」分析了當時的局勢，並提出完整的戰略，劉備即根據這一戰略，終於成為一方之霸主，奠定了與曹操、孫權三國鼎立的局面。

　　幫成功者工作，讓我們學習到成功者的思考邏輯，研究出最佳策略與方法。而直接找成功者幫我們工作，則是以最佳策略和方法在最短的時間內實現目標。如果我們可以像劉備一樣，放下自己的身段禮賢下士，直接運用智者的智慧，成功的速度絕對可以更快。

　　除了幫成功者工作、找成功者合作外，接下來就是靠自己學習了。建議大家多閱讀有關成功者的自傳和報章雜誌，多看名人和成功者受訪的電視節目和影音頻道。你會發現他們一生充滿挫折和挑戰，但他們憑著決心和堅忍的毅力，把學來的知識轉化成自己的智慧，透過不斷地測試，以及借力使力來找出最佳的策略與方法以完成目標。

設計成功藍圖第三步：
行動中賦予彈性

成功幾乎從不會是一條直線！

大多數的成功學專家，只研究成功人士如何獲得成功的技巧，卻忽略成功其實不見得一定合乎邏輯的，因為的確有些人萬事俱備了卻不能成功，也有些人誤打誤撞卻莫名其妙地飛黃騰達。當然失敗的人之所以會失敗，一定有其原因，只要能找出原因，了解因果關係並加以解決，功成名就的機會仍然是很高的。然而再怎麼好的成功模式，也必須視情況而有所調整，畢竟每個人的命運是有所差異的，保持彈性，了解沒有什麼是永遠合理、一定對的做法，面對環境固有的不確定性，以務實的機會主義去因應，隨時做好準備等待機會來臨，才是真正的關鍵。

2004 年韓劇「大長今」中，長今的母親因被陷害含恨

去世，於是 7 歲的她給自己確立了一個目標—我一定要成為御膳廚房最高尚宮。這個目標也影響了她的一生。因為種種的因緣變化，雖導致她最終未能如願地成為御膳廚房最高尚宮，甚至被流放到濟州島，身分更由宮女降為官婢。但她時常問自己：「難道我就這樣放棄了嗎？」一心想回宮廷的她，唯一的方法就是成為出色的醫女，於是她開始學習醫術。

　　長今的師父醫女張德，也曾告訴長今：想要成功，首先妳要「單純、熱情」，再來就是「了解現實、超越現實」！而在經過辛苦的選拔訓練後，長今終於成為內醫院的醫女，再次名正言順的回到宮廷，最終為已去世的韓尚宮翻案，也替被行私刑的母親洗脫冤情。長今憑個人的努力、精湛的醫術、無限的愛心，成為朝鮮王朝第一個女御醫，後更被中宗賜名為「大長今」。

　　當我們設定了一個目標，開始付諸行動，為了要讓夢想成真，你得先擁抱現實，因為可能會遭遇一連串的失敗，但絕不能因此就放棄，過程更應該要有彈性，只要你信念堅定，無所畏懼，終究能走上成功之路。

　　《這一生，至少當一次傻瓜》這本書介紹了木村阿公花

了三十年的歲月研究栽培無農藥蘋果，通常，蘋果只要切開放一會兒，一下子就會氧化成咖啡色，然後開始腐爛。然而木村阿公不用農藥、不施肥，種出的「奇蹟蘋果」，不會爛，只會慢慢枯萎縮小，空氣中還會帶著香味。

由於他太太的體質對農藥過敏，激發出他的夢想「栽培無農藥的蘋果」。在那個年代，這是一個百分之百不可能實現的夢想！他閱讀每一本有關蘋果的書，嘗試從化肥改成堆肥，每年噴灑十三次農藥，改成六次、三次和一次，最後停止噴灑農藥，可是整座果園幾乎都變成枯木了。

眼見別人的果園都已經可以收成，他測試的無農藥蘋果樹卻是完全失敗，收入為零。於是他下定決心，將所有果園都停止使用農藥。無論是睡覺的時候，還是做夢的時候，他都努力地思考如何成功？

但一線希望仍然只是一線希望而已，一家七口窮困潦倒，山窮水盡，窮得只剩下信念。最後利用冬天無法務農時，還去東京打工賺錢貼補家用，因為沒錢租房子，晚上只能睡在公園。在經歷一百次、一千次失敗後，他終於了解自己正在挑戰一個知識和經驗完全派不上用場的世界。畢竟我們都是生活在現實的世界，他覺得自己愧對家人，於是打算以自我了斷來結束。

但冥冥之中老天自有安排，自殺用的繩子竟然滑掉了，月光下，一棵栲樹啟發了他，「為什麼沒有噴灑農藥，這棵樹上的樹葉卻這麼茂密？」最後終於讓他發現答案其實就是泥土，也領悟到：「太在意肉眼看到的部分，反而就會忽略肉眼看不到的地方。」然而為了增加收入，他只好又到酒家當服務生兼會計，結果卻被黑道打斷他的門牙，後來其餘牙齒開始鬆動，到最後上排和下排牙齒全部掉光，滿口無牙導致說話會漏氣。

他不去補牙，不裝假牙，提醒自己不要忘記這件事情，掉落的牙齒就成了為蘋果奮戰的紀念品。

接著他更加用心思考如何才能成功？

在停止使用農藥的第八年，八百棵蘋果樹有一半枯萎，剩下的四百多棵只有一棵開出七朵花，而這七朵花中，有兩朵結了果，而那兩顆蘋果是那一年的全部收成。後來發現那二顆蘋果好吃得令人驚訝！

直到第九年，果園終於開花了，他終於完成了任何人都做不到的事。面對這份理想，即使被人揶揄，被人視為笨蛋，身受貧窮之苦，他都堅持走這一條路。

這本書我看了不知道幾回了，每次看都深受感動。面對目標理想，遇到困難、窮苦潦倒，我們是否能像木村阿

公一樣可以放下身段，到處打臨時工、去酒家當服務生，然後繼續堅持三十年，直到成功。

當我們努力辛苦到想放棄時，一定要想想木村阿公，在追尋夢想卻落入人生未有的困境時，沉睡八年的蘋果樹，終於開花的那瞬間，相信一定可以感動到你。

我們都知道便利貼是 3M 公司發明的，本來工作人員是要研究一種黏性很強的膠，卻發現得到的是黏性較弱的弱膠，這個產品於是在偶然的情況下被改良發明。

1974 年，3M 工程師傅萊（Art Fry）參加禮拜時，習慣性地在歌本內夾張紙條作為標識，但紙條卻經常在翻頁時掉落，他開始思考如果有一種膠，「有點黏又不會太黏，可以貼在紙條上，又可以重複撕貼，而不會破壞那張紙，那就太好了！」。於是他將較弱的黏膠與紙結合，創造出便利貼的最初原型，真正從實驗中發現了它真正的價值。

然而便利貼的市場反應剛開始是不佳的，工作人員在行銷過程中賦於彈性，決定把便利貼寄給百大企業的秘書試用，結果反應非常熱烈，才為便利貼成功創造出口碑，暢銷熱賣，創造了幾十億美元的商機。

累積實力是所有等待的唯一理由！

大導演李安，1984 年時從美國紐約大學研究所畢業，原本的計畫，是打算回台灣發展。但在即將付諸行動的同時，學校傳來他的畢業作品「分界線」在紐約大學影展得到最佳影片與最佳導演獎的消息。於是經紀人認為他在美國極有發展的潛力。

本來，他打算給自己二年的時間，而後，三年、四年、五年，就這麼靜靜地等待著。漫長的時間，李安的工作常常就是幫忙看器材，做點剪輯助理或劇務之類的雜事。他曾經拿著劇本，兩個星期內跑了三十多家公司，換來的卻是白眼和拒絕。投資人要求他不斷修改劇本，但改完數十次以後，劇本卻石沉大海。

整整六年，李安在家買菜、煮飯、帶孩子、打掃家裡，有空時就大量閱讀、盡量看片；每天晚上，準備好晚餐後，他會與兒子一同等待妻子下班回家，他成了找不到工作的家庭主夫，然後還要面對世俗的眼光與壓力。

但是他每一刻都在為做為一個優秀導演所需要具備的各種能力而準備。

最令人感動的是李安的妻子林惠嘉，在背後無怨無悔

全心全意的支持著他。期間為了分擔家計，李安私下去學習電腦，理由是懂電腦找工作比較容易，妻子得知後，要他打消念頭，對他說：「我一直就相信，人只要有一項長處就足夠了，你的長處就是拍電影。學電腦的人那麼多，又不差你李安一個，你要想拿到奧斯卡的小金人，就一定要保證心裡有夢想。」

直到 1991 年拍攝「推手」，1993 年才以「喜宴」引起國際注目，而後獲得多個國際電影獎項，包括兩屆奧斯卡金像獎、五屆英國電影學院獎、五屆金球獎、兩屆威尼斯影展最佳影片金獅獎以及兩屆柏林影展最佳影片金熊獎。

成功之前的各種困難、委屈，阻止不了李安對夢想的努力、堅持。

先相信自己，才有機會讓別人相信你！

1999 年在香港工作的蔡崇信，擔任瑞典 Investor AB 投資公司副總裁及高級投資經理，年薪達七十萬美元。

有一次他的朋友描述馬雲這個人有點瘋狂但值得認識，於是蔡崇信前往杭州拜訪默默無聞的阿里巴巴，他發現馬雲竟然連公司都還沒有成立呢。他聽到馬雲說：「我們擁

有這些數以百萬計的工廠資源，我要如何幫助這些內地工廠接觸到西方世界呢？」

馬雲談論的都是將來偉大的願景，但卻沒有談到任何商業模式、如何獲利。結果，馬雲和那一群患難與共的團隊卻打動了他的心。

蔡崇信：「我想，這傢伙有能力將一群人聚集在一起，是個有影響力的領導者。」於是他問自己：「我是不是也該加入這個充滿冒險精神的團隊呢？」

他懷孕的妻子，當時一聽到這個想法，都覺得蔡崇信瘋了，蔡崇信打定主意後，不顧家人、妻子反對下，決定辭掉年薪 70 萬美元的工作，接受阿里巴巴 500 元人民幣的月薪，跟馬雲一起打天下。

從一開始籌組公司到後來的三次重要增資，蔡崇信成了阿里巴巴成功背後的最大功臣。

2014 年，蔡崇信帶領阿里巴巴在美國上市，蔡崇信持有的 2.9% 股份價值逾 45 億美元。2018 年香港富豪榜，蔡崇信以 104 億美元排名第九。

只因為跟馬雲見了一次面，就改變了蔡崇信整個人生軌跡。

成功的背後，很多人佩服他的眼光，但是卻很少有人知

道，當時面對所有人的反對，他是那麼的有勇氣放棄一切，進入一家隨時會陣亡的公司。如果當初蔡崇信一直眷戀年薪七十萬美元的工作，那麼就沒有身價 104 億美元的今日。以投資的角度來看，彈性的改變行動，適當時機的放棄，反而創造了另一番成就。當然也有另一個可能，萬一阿里巴巴那時候缺資金沒渡過危機，那麼一切又不一樣了。

生命中充滿無限的可能，每一個選擇都會導致一個全然不同的命運。

> 我只能繼續一個人奮鬥下去，
> 我不為別的，只為了自己心中的那份夢想。

2010 年中國廣州亞運會上出現了一位運動員，他坐了十幾個小時的飛機，卻只上場了二十六分鐘，他身旁沒有教練指導，中間休息時只能自己一個人喝水，一個人吃飯，一個人比賽。他沒有任何人陪同，比賽結束後也只能獨自匆匆離開。

他的名叫亞拉．阿扎德．阿蔔杜勒．哈米德，也是亞運會上伊拉克隊唯一的羽毛球運動員。

哈米德說：「伊拉克有戰爭，但我只想好好打球。我知

道這並不是一件容易的事情，我想說的是，任何人都有夢想，即便那個夢想看起來不可能實現。但你要知道，如果不努力，夢想永遠都只能是夢想。我知道林丹，他很厲害，我希望有朝一日能像他一樣站在奧運冠軍領獎台上。為了這個目標，我已經奮鬥了十年，我無怨無悔！」

奧運金牌對他或許是一條漫長又彎曲的路，但他的企圖心與毅力正是展現奧運精神的典範。

策略性的放棄……智慧的選擇

在市場上，我們看到許多公司，擁有一些對品質和服務還算滿意的顧客，所以老闆繼續學習努力經營，讓整體經營策略調整得更好，那麼經年累月下來，舊顧客會幫忙介紹新顧客，營業額與利潤一定可以不斷提升。但如果生意一直口碑不佳，沒有新顧客，舊顧客又不斷流失，那麼公司一定有哪個環節出了問題，這時候如果繼續延用舊的觀念，在一條錯誤的路，還不願意果斷放棄，不願意改變，那麼這家公司鐵定會有面臨停止營業的一天。

傑克‧威爾許（Jack Welch），20 世紀最偉大的經理人、

全球最傑出執行長。他領導奇異二十年間，推動改革，讓公司市值從三十億美元成長到將近 5 千億美元，管理的員工高達數十萬人。

他的至理名言：「若不能做到該產業的第一、第二，就將該事業單位收掉。」因此他大力整頓各事業，要求如果不能在該領域做到前二名，負責人就必須提出重整計畫，重整效果不好的就予以裁撤或出售。

開始前五年，奇異就減少全公司四分之一的人力，合計減少十一萬八千位，相當於關掉七家台積電。

他認為人才是經營管理策略的第一步驟：「人對了，事就對了。」傑克‧威爾許憑著簡單的管理原則：「獎勵最好的員工，表現最糟的則不宜久留。」所有主管跟他報告，都一定會問：「你有沒有獎勵表現好的人？那些表現最差的有沒有趕快讓他們走？」他認為照顧員工不需一視同仁，而是要把重心放在最優秀的人才身上。

「要成一流公司，就要用最好的人，人是第一，策略是第二，只要人對了，策略就會對，如果把策略擺在第一，充其量只是得到一堆很炫的簡報。」其餘那些錯的事、錯的人就要及早放棄。他的放棄與堅持，造就了成功的奇異！

> 在錯誤的道路上奔跑是沒有用的。

　　暢銷書《侏羅紀公園》被好萊塢導演史蒂芬‧史匹柏搬上大銀幕，在當時名列全球票房榜前十名，也是公認的經典電影之一。書本作者是麥可‧克萊頓，他從小就有寫作天分，14 歲時已在《紐約時報》刊載旅遊專欄。1960 年就讀哈佛大學英語系，後來更進入哈佛醫學院就讀。1969 年醫學院畢業後，擔任加州沙克生物研究中心（Salk Institute for Biological Studies）博士後研究員。以醫學院學歷絕對可以讓他賺大錢，但不管醫生前途有多好，他似乎沒什麼興趣，所以選擇放棄，重新開始自己的人生，改行寫作，經過不懈地努力，後來真的成為美國暢銷書作家、影視製片人、導演兼編劇，更被推崇為「科幻驚悚小說之父」，一生獲得了巨大的成功。

放棄與堅持同等重要！

　　有時候，放棄才是通往另一個成功之道，學會放棄的時機與技巧，也是更有彈性的人生態度。《放棄的力量》作者之一，艾倫‧柏恩斯坦（Alan Bernatein）正在攻讀文

學博士，他通過了口試，正在寫論文，眼看就要達成目標取得博士學位，以及大學教職。

但後來卻發現自己更有興趣傾聽學生談論自己、人生目標，對於做研究、教學生讀文學作品，反而沒什麼興趣。他也意識到如果這樣繼續下去，內心根本不可能得到真正的滿足。因此他決定放棄寫了一半的博士論文，轉而攻讀社工相關的碩士學位，最後終於找到自己真正想從事的工作──心理治療師。

放棄並不是一件容易的事，同樣需要勇氣、決心、智慧。你堅持在錯誤的事情上越久，離內心真正想追求的成功越遠。不是自己內心真正想要的目標，再怎麼堅持也可能是徒勞無功的。

阿拉伯聯合大公國第二大城的杜拜（Dubai），是近幾年世界上快速崛起的城市之一，三十年前，杜拜前來當時號稱「亞洲四小龍」之一的台灣取經，想了解跟他們一樣缺乏天然資源的國家，為何能創造經濟奇蹟。

三十年後，杜拜已經從一個不起眼的貧窮漁村，脫胎換骨變成集全球金融、觀光、娛樂、自由貿易、房地產、生物科技中心等的都市，世界各地的富豪最嚮往的繁華城

市之一。

　　為什麼會有這樣大的變化呢？

　　因為杜拜的領導人穆罕默德，有超乎常人的智慧和很強的危機意識，他認為錯誤的觀念還是即早放棄，如果單純地想靠石油繼續致富，那未來一定會發生財務危機，石油枯竭之後的杜拜會立刻變成一個完全沒有希望的城市，為了擺脫對石油依賴的決心，他堅持用不可思議的想像力創造出全球最高的摩天大樓、超五星級旅館—帆船酒店、世界最高住宅—公主塔、世界奇蹟的人工島—棕櫚島、全球最大購物中心等，積極開發觀光資源，藉由美麗的海灣，成為新興觀光勝地。穆罕默德更提出「2021願景」，目標要使杜拜成為世界最佳城市。

　　如果穆罕默德不願意放棄舊思維、堅持改變，那麼就不會有現在令人嘆為觀止的新杜拜，他證明了追逐夢想的毅力與決心足以創造許多的不可能。

命運的測不準定律——
生命的方向要自己尋找

當你在十字路口時，隨時注意你的機會！

中國首富——馬雲的故事……

在父母親的眼中，馬雲從小就不是個好學生，打架、轉學，學業成績也不優秀。初中畢業時只想隨便考個高中就好，但都因為數學成績太差，連考兩次都沒考上。馬雲的數學雖然極差，但英語卻特別好。上初中時，馬雲就去當免費英語導遊，騎著自行車帶著老外逛杭州。

第一次參加高考，滿分一百二十分的數學考卷竟然只得了一分。他覺得自己根本就不是上大學的料，只好去打工。他先去一家賓館應徵，結果陪他去的表弟被錄用了，而他卻被拒絕，因為表弟長得又高又帥。因此他只好去做不要求長相只要求有力氣的搬運工，每天踩著三輪車幫人

送貨。

有一次，他在運書時，看到一本小說《人生》，他隨手翻閱，竟然被書中的故事情節所吸引，主角曲折的人生經歷和對理想的執著追求深深地感動了他。同時也讓他領悟了一個道理：「在人生的道路上，如果你要想有所成就，不經過一番磨練是無法成功的。」

這本小說改變了馬雲的人生之路。就在那一刻，馬雲下定決心，準備參加第二次高考。

第二次高考，數學還是只考了十九分，仍然沒有成功。然而，馬雲卻不甘心，連續兩次高考失利，反而激起他的鬥志。

經過父親拜託，馬雲開始替山海經、東海、江南三家雜誌社踩三輪車送書，白天上班，晚上上夜校。為了找一個好的念書環境，每到星期日，他就很早起床，趕到離家有一個多小時路程的浙江大學圖書館去複習。

馬雲的第三次高考成績出來後，數學雖然不可思議地考了七十九分，但他的總分仍然屬於專科，離本科還差五分。然而，就在馬雲準備進杭州師範學院讀專科時，該校的英語本科招生沒有滿額，於是，馬雲非常幸運地被遞補進了本科。

1988 年，馬雲 1988 年畢業於杭州師範學院英語專業，

被分配到杭州電子工業學院教外語，是同學之中唯一被分到大學任教的本科生。他利用工作之餘，找了許多兼職機會：包括在西湖邊成立杭州第一個英語角；為外國遊客當導遊；創建「海博翻譯社」；到義烏批發小商品……辛苦了許多年，沒賺到多少錢，但超強的行動力卻為馬雲帶來了不小的知名度，他甚至還得到了「杭州十大傑出青年教師」的名號。

這時，一家與外商有合作的中國公司找到馬雲，聘請他為翻譯，到美國幫忙收帳。而因為這次美國之行，再次改變了馬雲的人生之路。在美國，馬雲到西雅圖找到一個朋友，在朋友那裡，他第一次接觸到網際網路說：「我甚至害怕觸摸電腦的按鍵，我當時想，誰知道這玩藝兒值多少錢呢？我要是把它弄壞了能賠得起嗎？」

美國之行讓馬雲認識了一個全新的世界──網際網路。

回國之後，經過審慎評估，他毅然而然辭掉了人人羨慕的大學教師的工作，湊了兩萬塊錢，創辦網站「中國黃頁」，專為中國公司製作網頁，其後不到三年時間，他們利用該網站賺到了人民幣 500 萬元。

1997 年，他為中國外經貿部開發其官方站點及中國產品網上交易市場。

1999 年，正式辭去公職，馬雲回到杭州，在自己家裡

創辦了阿里巴巴網站——國內第一家為全世界中小企業服務的電子商務網站。

接下來這些年，阿里巴巴成功的故事舉世皆知：馬雲六分鐘說服孫正義，拿到第一筆投資基金；2003 年，推出為消費者服務的「淘寶網」；2004 年，推出網絡交易支付工具「支付寶」；2005 年，收購了雅虎中國，同時得到雅虎十億美元投資。

2011 年，獲《華爾街日報》評選為「中國的賈伯斯」。

2014 年 9 月發布的胡潤百富榜中，馬雲以 1,500 億人民幣首次問鼎中國首富。

> 馬雲透露了阿里巴巴以及自己成功的秘訣：
> 第一，你自己要相信
> 第二，學習
> 第三，做正確的事和正確地做事
> 第四，堅持

台灣經營之神王永慶，只有國小畢業，15 歲在一家米店裡當小工，16 歲時在嘉義開了一家小小的米店，後來，又開了一家碾米廠。抗日戰爭勝利後，台灣的經濟開始發

展，搶先轉向經營木材，接著再轉向了塑膠行業。

現在的台塑集團，旗下事業橫跨塑膠、煉油、石化、纖維、紡織、電子、能源、運輸、工務、生物科技、醫療、教育等領域。

王永慶雖然不清楚自己的天賦是什麼，但他成功的關鍵就是擁有高商業敏感度、按部就班、追根究底的態度、充分了解市場的需求以及掌握機會的膽識與能力！

湯姆‧霍普金斯……全世界一年內銷售最多房屋的業務員，平均每天賣一幢房子，至今仍是金氏世界記錄保持人。

他在念了三個月大學後，就決定中輟學業，他的爸爸對他說：「因為你沒有大學學歷，你大概永遠無法成功，我將會永遠愛你，因為你是我們的兒子，雖然現在看起來你大概也無法成就什麼大事吧？」爸爸那一番話深深刺痛了他的心，他對自己說：「我一定辦得到！」。

為了生活，他在當了一年半的建築鋼材搬運工後，改行投身房地產銷售業；前半年的成績非常差，每個月平均所得只有 42 美元。因為業績奇差而窮困潦倒，於是決定把最後的積蓄 150 元美金，投資到世界第一激勵大師金克拉一個為期五天的培訓班。沒想到，這五天的培訓成為他生

命的轉折點！

在之後的歲月中，他不斷地學習更多、更好的推銷技巧，並養成頂尖的銷售習慣，在短暫的時間內採取大量的行動，最終獲得了驚人的成功，改變了自己的命運。三十多年來，全球五大洲有超過五百萬人聽過他的業務訓練課程。

每個工作都能找到使命感與意義。

2005 年《天下》雜誌出版了《台灣 7-11 創新行銷學》一書，我從中看到一篇有關黑貓宅急便業務司機的感人故事，我覺得非常有意義，足以讓我們思考工作的意義。這是發生在基隆營業所蘇財豐身上，他說：「自己負責的路線是福隆、貢寮、雙溪一帶，每天至少行駛兩百公里。農曆春節期間包裹量是平常的兩倍，如果又遇到比較偏僻的地區，心裡就難免嘀咕。

那一天遇到收件人剛好在雙溪鄉外竿村的三叉坑，就是進去以後手機就會斷訊的鬼地區，因為山區的房子比較簡陋，門牌標示又不清，他找了好久才找到。當時來應門的是一位老奶奶，還有三個小孩子，我感覺到他們家境似乎有些清寒。當孩子們看到我時，一個個非常高興地大喊：

「一定是媽媽寄來的」。沒想到我心裡犯嘀咕的包裹，竟是他們期待已久的年節禮物。剎那間，我終於體會宅急便工作的意義是什麼了。

還記得離開的時候，那一老三小欣喜的表情，自己的眼淚幾乎快掉下來。

如果沒有宅急便，那三個小孩的包裹，不知道會有誰願意幫他們送到深山裡來呢？」

我想運輸業者如果只是單純地把貨品當作貨品運送，那工作恐怕只會是無聊的重複動作。但是如果可以把每件貨物背後寄件人的心意、收件人的欣喜，都放在心裡，那這份工作就會因為使命而變得非常有意義了。

在我看來這位宅急便司機其實是很成功的，因為任何事業經營的基礎就是「一切以顧客為中心」的原則。

一心一意地為顧客著想，由衷地希望顧客高興，這就是成功的關鍵。

任何工作，只要將它做到極致就能成功！

2016 年我在書局看見一本書，書名是《世界第一名清潔婦》，作者新津春子，封面上的一句話打動了我：「掃地，

掃到世界第一！」

　　新津春子十七歲時，從中國移民至日本生活，從事清潔工作已經超過二十五年，她工作的態度是不潦草了事，因為就算騙得過別人，也騙不了自己。所以她會用不同的角度，不同的需求去考慮清潔的細節，來追求完美的意念。而一般清潔人員大都抱著有打掃就好的隨便心態，認為每天都做這些事情，薪水不高又沒甚麼前途，所以就得過且過。但是新津春子卻不這麼想，她非常喜歡清潔工作，所以將羽田機場視作自己的家，仔細清掃每一個角落，只希望旅客來到這裡，就像在她的家中作客般舒適自在。

　　她發掘工作的意義，就是「用心」，用自己的溫柔善意，為使用的人著想的心，來帶給別人幸福。而且她還抱著永不停止學習的心態，在每天重複無聊的工作裡，竟可以思考出許多道理，研發出更有效率的清潔工具與方法。她甚至下定決心說：「如果沒有拿到全國第一名，就不結婚！」

　　新津春子帶領著她的團隊，讓東京羽田機場連續兩年榮獲航空界奧斯卡 Skytrax 評選為「世界最乾淨機場」第一名。

　　我想，是她的態度讓自己成為最有價值的人，生活中，不管任何行業，一個願意認真工作而且專做別人不願意做

的事，就是最值得尊重的人，也是一位成功者！

2017 年網路上有一篇報導：有一個英國人 Paul 把洗車這工作發揮到極致，他洗一次車竟要價 5 千英鎊起跳……（約合新台幣 19 萬元）

儘管如此天價，還是有許多有錢人排隊等他洗車。因為被他洗過的車，簡直就跟新的一樣。

整個洗車流程竟然高達六十一道程序，都是 Paul 自己一個人手工保養，洗的車當然大多是要價不菲的超跑名車，平均都得花上三天到一星期才能完成。他還用自行研發的清潔劑清除車身油汙，用水清潔車身表面的時候，也會注意水的壓力隨車款不同而調整。最後程序，還會用顯微鏡掃描車身，有疑似刮傷的地方還會用放大鏡逐一檢查。

成功者總是做別人想不到、做不到的事，只有極少數的人可以做到如此專業細心，因此只要將一件事情用心做到極致就是成功的關鍵！

> 讓自己在最黑暗的逆境，最艱難的處境中，
> 仍能身心安適，自在飛翔！

天有不測風雲，人有旦夕禍福，有時候命運的安排來得

突然，完全超乎了你的規劃。這時我們可能面臨破產或生命的低谷，只要積極樂觀不放棄希望，一定可以度過危機。

2012 年我在商業週刊看到一篇報導，一位金錢豹小姐變身成為千萬富翁的傳奇，一位女生因為男朋友「劈腿」，接著爸爸突然又過世，於是在帶著 70 萬元存款決定去英國讀書，並向銀行貸款 150 萬元付學費和生活費，人生因此開始負債。

二年後回到台灣，沒想到媽媽竟然欠了 500 萬元賭債。她只好向朋友借錢，為了還債，朋友還幫她找了一份工作。只是沒想到，朋友騙她說只是陪客人到 KTV 唱唱歌，結果竟然是到「金錢豹」酒店上班。

當她在酒店環境裡卻仍常思考著：「為什麼有錢人會有錢？我要怎麼做才能跟他們一樣？」所以她每天都仔細觀察有錢人在觀念上和一般人到底有什麼不一樣？為了還債存錢，她決定換掉舊思維，跟這些有錢人學習「新觀念」。

難能可貴的是她並沒有迷失在現實的金錢世界裡，更因為大量閱讀的習慣幫她培養出強烈的企圖心，陪伴她熬過低潮。當她看的書愈多，堅持下去的毅力就愈大。她說：「只要知道目標在哪裡，願意開始往前爬，就算速度很慢，終究有爬到的時候！」

「我在等，等自己的翅膀夠硬，就要靠自己飛！」 就

是這股力量支持她離開四年的酒店生涯，重新出發，更靠著知識成為超級業務員、千萬富翁。

Muniba Mazari 是巴基斯坦的電視主持人、藝術家、演說家，更是 BBC 選出的 2015 年百大女性。

她在演講時說，自己結婚後二年，有一天先生開車時睡著了，車子翻落到大溝渠裡，先生從夢中驚醒順利脫身而出，但她被送至醫院，右手臂、手腕、肩骨和頸骨都骨折，整個肋骨斷裂，肺部和肝都嚴重受傷，無法呼吸，甚至於失去了控制小便的能力，因而整天都必須掛著尿袋。在這個大車禍中，徹底地改變了她的生命，因為三塊脊椎軟骨徹底粉碎，下半身可能從此癱瘓。

有一天醫生告訴她：「妳沒有辦法再畫畫了，因為你的手臂和手腕變形了。」隔天醫生又來跟她說：「妳的脊椎受傷太嚴重了，沒辦法再走路了，妳一生都得在輪椅上度過。」但是她仍然安慰自己說：「沒關係！」又隔了一天，醫生再度跟她說：「妳沒辦法再生小孩了！」

老公離她而去，被醫生宣判再也無法畫畫、生小孩。她問媽媽：「為什麼上天要這樣對我？」她開始懷疑自己存在的價值，於是不斷地問自己：「我活著是為了什麼，活著到底還有什麼意思？」不能再走路，不能再畫畫，沒

關係。但不能再生小孩，從此一生就不完整了，因為傳統上認為一個女人不能生小孩是不完整的，那人生還有什麼意義呢？

她媽媽卻鼓勵她：「一切都會過去的，上天自有安排，雖然不知道是什麼樣的安排，但相信一定是好的安排。」有一天她厭倦了一直看到醫院裡的白色牆壁和穿著白色衣服的醫護人員，她想要為自己的人生再添一些色彩，於是她開始畫畫，就這樣她打破了醫生的預言，在病床上完成了她受傷後的第一幅畫，而這幅畫除了帶給她熱情、治療，更帶給她極強的復原信念。

二年的休養，終於可以坐上輪椅了，那一天她認為自己重生了！從此以後她變了一個人，她知道自己不能再像以往般生活，知道自己不能再走路，她看著鏡子對自己說：「我不能再等待奇蹟出現，我不能再坐在牆角哭泣、乞求，沒有人會體會的，所以我只能趁早接受自己，於是她塗上口紅，想從內心感受自己的完美。」從此以後她決定要活出自我，不再為別人的眼光而活，也要為自己把握每一個當下。

「當你接受自己的樣子，世界就會認同你，一切都從內在開始。」她決定要加入巴基斯坦國家電視台當主播，並且參與了不少節目，後來成為 BBC 選出的 2015 年百大女

性、2016 年富比世 30 歲以下傑出領袖之一，也成為巴基斯坦的聯合國婦女親善大使。

她說：「我們每一天活著，只是做著重複的工作，然而這並不是真正的生活。如果你不清楚自己生存的意義，代表你還沒有真正的活著，你努力工作、賺錢，其實都只是為了自己，這不是生活，你應該要站出來，尋找需要你幫助的人，改善他們的生活，讓自己成為一個吸收所有負面能量的海綿，散發美麗積極氛圍的那種人，當你發現你改變了他人的生命，因為有你，這個人才沒有放棄，這一天才是你真正生活的開始！」

當人生一瞬間跌落谷底，而這些衝擊可能來得非常激烈，甚至於徹底摧毀了你，改變了你的一生。但請不要忘記，生命是一場考驗，不要抱怨，接受它，突破它！永遠都不要放棄你的夢想。

二、

成功致富
方程式

成功一定有方法，
失敗一定有原因。

「量大」
是成功致富最重要的關鍵

能力決定財力、運氣的好壞與機會的把握，
決定成功的機率。

——華倫·巴菲特

有錢人之所以有錢，是因為他們知道如何解決別人的困難；大企業執行長可以領高薪，就是因為他們有能力解決別人無法處理的問題。

然而成功人士之所以會這麼成功？

最重要的原因就是因為他在從事的領域上服務的品質及影響的人數比較多。

1992 年，江蕙專輯「酒後的心聲」大賣一百一十六萬張，創下台語專輯銷售紀錄，至今無人打破。

美國著名電影導演史蒂芬‧史匹柏，其作品「侏羅紀公園」、「辛德勒的名單」、和「搶救雷恩大兵」、等多部大賣電影，當他出新電影的時候，電影院總是大排長龍。

歌神張學友重返台北小巨蛋，六場演唱會的六萬六千張門票，門票 4 千元起，竟然在短短九分鐘內全數賣完。

一個國家的領導者可以受到許多人的尊敬，因為他為整個國家人民服務。

正是因為他們影響的人數是這麼的龐大，所以也帶給了他們極高的收入。一般人都想成為有錢人或億萬富翁，過著富裕的生活。但在商場上要如何做才能賺到錢呢？

二十多年的學習，我領悟到一個非常棒的公式，這公式深深影響我一輩子，帶給了我非常大的幫助，同樣的道理，假如你能融會貫通並加以運用，我相信它也將是你成功致富的秘訣。

最多人脈 * 最好（能力 + 態度）＝成功致富

舉幾個例子來說明，例一：1993 年出版了具有靈感和激勵性的系列書《心靈雞湯》大賣了一億本，假設每本淨

利只有 30 元。那麼代入公式：

$$1 億本 * 30 元／本 ＝ 30 億元$$

《心靈雞湯》作者馬克韓森曾經自述：「我在整理心靈雞湯一書的概念時，去找 Jay Abraham，他教了我們二招殺手級絕招，相當實用，讓我們的書因而大賣，全球暢銷一億本以上。」

最多人脈在此就是大賣一億本，最好的能力就是每本可以獲利 30 元，那麼出一系列全球暢銷書至少已獲利 30 億元以上，時至 2018，大賣可能已超過二億本，獲利更高達 60 億元以上，多麼可怕的數字！

例二：

1997 年羅勃特‧T‧清崎出版了《富爸爸，窮爸爸》，書籍上市後全球熱賣，迄今銷售量逾二千六百萬本，2000 年脫口秀天后歐普拉（Oprah Winfrey）也曾邀請羅勃特‧T‧清崎上節目，在節目上大力推薦了此書，結果歐普拉在一小時內幫清崎賣《富爸爸，窮爸爸》這本書，賣了一百萬本，每本賺 5 元美金。

代入公式：

最多人脈＊最好（能力＋態度）＝成功致富

100 萬本 *5 美元／本 = 500 萬美元

最多人脈指的就是大賣 100 萬本，最好的能力就是每本可以獲利 5 美元，所以歐普拉等於在一小時內幫羅勃特·T·清崎賺了 500 萬美金。

例三：

目前 7-11 大約有五千家分店，茶葉蛋每顆售價 10 元。假設平均每間分店一天大約可以賣出 100 顆，每顆獲利以 1 元來計算的話，

最多人脈＊最好（能力＋態度）＝成功致富

1 元 *5,000 家 *100 顆 *30 天 *12 月 =1.8 億／年

一年內有高達一點八億人次去 7-11 購買茶葉蛋，展現出最多人脈。光是賣茶葉蛋，如果每顆獲利 1 元，統一集團一年的獲利可高達 1.8 億元，這是一個多麼驚人的數據！

例四：

統一超商販售「黑金」CITY CAFE 咖啡，2016 年銷售量達 3 億杯，營收成長至 118 億元。

$$118 億元 ÷ 3 億杯 = 平均 39.3 元／杯$$

一年內有高達三億人次去 7–11 購買咖啡，這就是人脈所展現的極大數字。不管是購買美式還是拿鐵，平均消費額 39.3 元，營收達 118 億元。如果其銷售量不斷創新高，那麼單咖啡一項產品就可以帶來極高的利潤了！

例五：

中部某著名夜市小吃筒仔米糕，每次去都呈現排隊狀況，據說平均每天可以賣 1 千碗以上。

最多人脈 * 最好（能力 + 態度）= 成功致富

$$1 千碗 *35 元／碗 *30 天 = 105 萬元$$

單一商品筒仔米糕每月營收至少就破百萬元，更何況店內還有多項熱賣商品，年營業額十分可觀！

例六：

二十年前，成功學課程吸引了成千上萬的人。每梯次兩百人一班，學費每人 6 萬元。

$$200 人 *6 萬元／人 ＝ 1,200 萬元$$

每班兩百人就是當時最多的人脈，每人學費 6 萬元也是課程當時測試所能收的最高費用。三天單一課程總營收 1,200 萬元。

例子不勝枚舉，不管是利潤只有 1 元的茶葉蛋，還是金額極高的三天花 6 萬元的課程費用。這公式幾乎可以用在每一個商業行為導致成功致富！成功人士和億萬富翁都告訴了我們：「你的成就、收入和你服務的人數是成正比的！」

尋找生命中的貴人

> 你應該要成為自己生命中的第一個貴人！

　　從前面的例子中可以得知，「量大」跟「人脈」就是成功致富最重要的關鍵。那麼又該如何來定義「人脈」呢？

　　「人脈」不等於「你認識的人」，而應該是「能夠開拓你的眼界，糾正你的格局，並且適時給你幫助或支持你的人」。

> 命中的「貴人」無處不在！

　　接下來我們來探討幾個故事：

　　2007 年 3 月，日本模特兒兼演員田中千繪因來台發展演藝事業不順，原本打算依計劃返回日本，惟在返回日本

前意外被導演魏德聖於網路上搜尋到她的部落格，在力邀試鏡後接下台灣電影「海角七號」女主角「友子」一角，2008 年 8 月，「海角七號」在臺灣上映後造成空前轟動，在當年台灣電影史票房記錄，僅次於冠軍《鐵達尼號》，總票房達 5.3 億元。

田中千繪什麼事都沒做，卻因為貴人魏德聖的主動發掘而瞬間爆紅。

1981 年林慧萍在錄音室試音，當時的帽子歌后鳳飛飛剛好聽到，馬上跟唱片公司的經理說，這個女生的歌聲非常好聽，將來一定會紅，唱片公司立刻幫林慧萍錄製了《青年創作園地（二）》合輯；專輯中收錄了林慧萍演唱了「白紗窗裡的女孩」以及「火鳳凰」兩首單曲；因歌藝與外型搶眼，受到矚目。

1982 年 12 月 23 日發行首張專輯「往昔」；並在「往昔」、「倩影」以及「流星」連續三首歌的強打下；創下年度銷售第一名，並成為當時的火紅的玉女歌手。林慧萍在錄音室試音，剛好碰到貴人鳳飛飛主動提拔而成功了。

2010 年世界盃麵包大師比賽冠軍的吳寶春，在其著作《柔軟成就不凡》中提到：有一個人光靠自己看書與摸索，

才兩年就開了一間麵包店，而且聽說這個人的店開在巷子裡，麵包做的還不是很好看，前去買麵包的人常大排長龍，甚至有客人要求店家：「有沒有冷凍的，拿來賣我。」吳寶春帶著好奇及自己最得意的作品，謙卑地向堂本麵包店主廚陳撫光請教，沒想到他吃了二口就丟掉，還搖搖頭說了二個字：「難吃」！

陳撫光熱愛美食和美好事物，他給從來不知什麼叫精緻生活，下班後只會去海產店、土雞城的吳寶春當頭棒喝：「麵包不好吃」。他帶著吳寶春嚐美食、品酒，更建議他到台北亞都飯店住三天，把飯店裡的每一個餐廳吃遍，讓他知道什麼叫做「好吃」。

因為吳寶春的主動學習，貴人陳撫光帶他進入更高的境界，教會吳寶春「品味」，而「好吃」，也奠定了他的烘焙實力。

巴菲特在大學時期學習到葛拉罕的投資知識，畢業後再度主動要求幫老師葛拉罕工作，接受老師的訓練，造就了他後來成為世界首富。葛拉罕對巴菲特來說，就是一位老師、教練及貴人！

澎恰恰 1956 年出生於臺灣省嘉義縣嘉義市，遠東工業

專科學機械科畢業。未進入演藝圈前，曾在台南市立棒球場做過球童、在嘉義當郵局捆信件的捆工，因為家境不好，所以必須要自己撐起家庭，澎恰恰腦中有非常多的故事，後來透過自己寫歌、唱歌表達出來，在嘉義民歌餐廳演唱時，被謝雷相中帶到台北演唱，而後透過石英推薦，到華視飾演「小濟公」一角，結果演的比大濟公還出色。

1987 年更被名製作人王偉忠發掘，主演其製作之華視綜藝節目「連環泡」中的短劇，隔年接替蔡琴成為「連環泡」主持人，奪得金鐘獎最佳主持人，一炮而紅。可見謝雷、石英、王偉忠都是澎恰恰的貴人！

我常問學員一個問題：「能力」跟「機會」哪一個比較重要」？

如果你是老闆，有一個很重要的任務，一開始你給了某人很棒的表現機會，但卻發現其能力不佳，事情還搞砸了。請問接下來你還會繼續重用他嗎？我相信你一定會繼續尋找其他有能力的人來負責，是吧？

再來，假設一下，假設有一次你到外國旅遊，在飛機上你發現坐在你旁邊的人就是某一位成功人物（馬雲、張忠謀、施振榮等），你現在擁有一個很好的機運可以讓對方提攜你走向人生巔峰，你現在要怎麼和他交談？最有可

能發生的狀況是你完全沒有辦法讓他欣賞你，甚至對你留下任何印象。如果你沒有很好的實力，如果你沒有準備好，那一切的因緣機遇都與你無關。

「能力」跟「機會」二者都是成功的重要因素。

沒有「能力」卻先有「機會」，不見得就是成功的開始！

相反的，先培養好「能力」，只要「機會」一到，成功的速度將會非常快。

看看上述成功者，如果田中千繪參加試鏡，但演技卻不佳，導演魏德聖或許就不會找她擔任女主角，田中千繪現在可能已經回日本發展了！林慧萍參加試音，如果歌唱實力不好，鳳飛飛應該不會太在意，那麼也就不會告知經理，她的未來可能就充滿變數了！吳寶春如果不主動學習，陳撫光根本不認識他，那麼吳寶春就沒機會提升自己的烘焙實力，然後再一步步得到世界盃麵包大賽冠軍！

同樣的，巴菲特如果態度、能力都不好，也沒有跟葛拉罕學習，葛拉罕也不會親自訓練栽培他，巴菲特 2008 年不見得有機會成為世界首富！澎恰恰如果歌唱實力不佳，就不會被謝雷相中，如果做人處事能力不好，石英不會幫他，如果演技不出色，王偉忠不會找他主持連環泡！

這些都証明了培養好「能力」是目前最重要的工作！

實力有了，當機會來臨，成功就近了！由此可知，任何一個想成功的人其實都需要貴人的提拔，所以在別人還沒發現你之前，你應該成為自己生命中第一個貴人，充實自己讓自己成為一個有價值的人。

> 「機會永遠給準備好的人，它可能是上天所賜予的時機，也可能是貴人所給予的機會，但在獲得機會之前，自己先必須具備能力才行。」

――喬治・波特（美國華爾道夫飯店執行長）

　　所以成功之前的條件，不就是發現自己的天賦並且具備優秀的實力嗎？當別人覺得你是個可以幫助他的人，而你態度好又有能力，將來他就會支持你，給你機會！

　　貴人一多，成功的速度就越快！

　　「千里馬」與「伯樂」的故事代代流傳，其實，無論是「千里馬」之於「伯樂」，還是「伯樂」之於「千里馬」，都是因為彼此人脈資源的結合，才倍增了各自的價值。因此我們都需要「伯樂」，需要「貴人」！

　　假如你已經是個成功者了，那麼也請多多提拔那些值得栽培的人！

人脈的基礎

付 出 ＝ 收 穫

二十多年前，當我還是一個推廣學習課程的業務員時，有一次我在讀書會上認識一位 A 小姐，彼此交換了名片，隔了一段時間，A 小姐請教我一些問題，我馬上幫她解決了心中的疑惑，慢慢地彼此也成了好朋友。

有一天她突然打電話給我，問我有沒有空？可不可以立刻去她公司，因為她想幫我介紹一位朋友 B，原則上她應該會立刻報名上課，當下我馬上前往，B 果真立刻繳費報名！

B 上完課又介紹室內設計師張先生，接著張先生又介紹太太美容師陳小姐及同為室內設計師的廖小姐前去上課，陳小姐上完覺得很棒，又介紹賣衣服的張先生和太太黃小

姐，然後黃小姐也要求做直銷的妹妹一定要去上課，後來又推薦其它直銷夥伴前去上課。

　　A 小姐不斷地幫我介紹，包括她的顧客、會計師、好朋友、獅子會、直銷朋友、親戚、卡內基學員……然後衍生出更多的顧客！

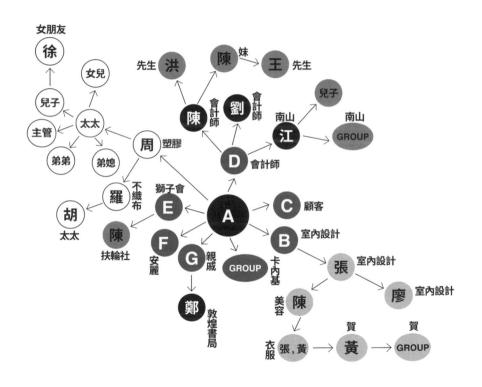

　　我常問學員：從上面人脈圖有沒有發現什麼關鍵？

「除了產品很棒的因素外，顧客為什麼要幫我轉介紹？」探討到最後，除了具備的能力外，更重要的是要有「真誠的心」和「先付出」的觀念與態度。每個人一生中都需要別人的幫助，週遭的朋友、同事可能都會是我們的貴人，為什麼人家願意在你需要幫助的時候，願意為你解危呢？原因很簡單，因為你曾經先付出、將心比心、以誠相待。

寫過《攻心為上》（Swim With the Sharks Without Being Eaten Alive）等暢銷書的作者 哈維 · 麥凱（Harvey Mackay），是市值 8,500 萬美元的麥凱信封公司執行長，也是非常受歡迎的全球五大商業演說家之一。他平常對外演講的價碼，一場大概是 6 ～ 8 萬美金，而且非常難邀請。

哈維 · 麥凱大學畢業後開始找工作，當時，他以為應該可以很容易找到工作，結果卻一直沒成功。哈維 · 麥凱的父親是一位美聯社記者，認識政商界的許多重要人物。

這些重要人物之中有一位叫查理·沃德的人。他是全世界最大的月曆，卡片製造商布朗比格羅公司的董事長。幾年前，查理·沃德因為涉及到一些稅務問題而入獄服刑了。哈維·麥凱的父親覺得查理·沃德的案情可能有問題，

於是他就赴監採訪了查理‧沃德，並且寫了一些公正客觀的報導。

查理‧沃德看了那些文章後，幾乎落淚。在公正的報導和強大的輿論下，查理‧沃德很快出獄了，出獄後，查理‧沃德問哈維‧麥凱的父親有沒有兒子？

「有一個上大學的兒子。」哈維‧麥凱的父親說。

「他什麼時候畢業？」查理‧沃德問。

「他剛畢業，正在找工作。」

「噢，那麼剛好，如果他願意的話，叫他來找我吧。」查理‧沃德說。

哈維‧麥凱第二天便打了電話到查理‧沃德的辦公室，而這一通電話就改變了哈維‧麥凱的命運。

四十幾年來，哈維‧麥凱成了全美著名的信封公司執行長。哈維‧麥凱的成功，歸功於他父親「先付出」的觀念，也在無意中為麥凱創造了黃金機會。

現實社會，大部份人都把焦點放在自身利益上，滿腦筋只在想「我可以賣什麼東西給你？」或「我可以從你身上得到什麼好處？」因為多數人很難忘掉「自我」，當自我的私心太強，當然不會替人著想，殊不知，沒有付出哪能得到！

亞馬遜網路書店創辦人貝索斯曾說：「要想累積人脈，並非是靠逢迎拍馬屁，而是真誠以對。重要的不是你認識多少人，而是你如何對待他們。」而了解人家需要「什麼」，才是「貼心」的首要條件，例如一位經營餐飲的老闆娘生日當天收到許多禮物，其中一項禮物最令她難以忘懷。一位好朋友注意到她常因接觸清潔劑受刺激而得到富貴手，所以買了綿羊油護手霜來送她，她因忙著經營餐廳，忽略了保養自己的雙手，朋友卻替她想到了，這件貼心的事當然令她感動。

> 人生最美好的事情，
> 就是真誠地幫助別人之後，
> 同時也幫助了自己。

　　如果你習慣別人主動找上門來與你溝通、聯絡，自己無法熱情地去主動關心、支援，那你就很難拓展與維繫人脈網了。

　　前王品集團董事長戴勝益接受《大家健康》雜誌專訪時也曾說：「我的人緣是如何建立的？我想是因為我從出社會到創業的十一年間，每天都會留意身旁人的需求。例如，當別人問我：「這個單字你懂不懂？」

我絕不會說：「不懂。」

我會說：「我幫你查一查。」

別人問：「你認不認識某某某？」

我絕不會說：「不認識。」

我會說：「我想誰應該認識他，我幫你問一問。」

當你有幫助人的習慣時，別人就會自動來找你。一年三百六十五天，十一年來我已累積了四千多個幫忙。」

成功的人都有先「付出」的觀念，因為這即將給自己帶來更多機會、幸運！

接下來我們來研究一下：「到底應該具備什麼條件才能快速建立人脈？」

「人脈的基礎究竟來自哪裡？」

我們複習一下公式：

最多人脈 * 最好（能力 + 態度）＝ 成功致富

人脈的基礎其實來自「你的能力和態度」！

一個人（公司）所具備的能力和態度之四種組合：

（1）當能力不好，態度也不好時，那他鐵定沒有什麼人脈！舉例：當一個人的「信用」不好，他不知「一諾千金」的重要，常常說得出做不到，態度不佳就算了，能力如果又不好，結果一定也不會多理想。可想而知，大家一定不喜歡他，當然沒什麼人脈。

（2）當能力不好，待人處事的態度還可以時，他可以表現的機會恐怕也不會太多次，因為大家合作本來就希望得到很好的結果，一旦結果不如預期，下次要合作就不容易了！

（3）當能力不錯，而態度卻不好時，我相信他的人脈關係也一定不會長久！人通常只對自己感興趣，主動關心他人，才能改善人際關係，因為一個人如果眼裡沒有別人，只會過度自我膨脹，相信別人眼裡也不會有你，能力的高低自然就顯得沒那麼重要了。

（4）只有當你能力很好，態度也很好時，兩者相輔相成，大家一定會喜歡你，自然就可以快速擁有較多的人脈，而且這樣的人際關係還可以維持長長久久。

舉例有 A、B 二個業務員在事業上都有上進心，待人處事態度、顧客服務也都表現得很好，其中 A 只會一對一銷售的技巧，而 B 不只會一對一，還可以在數百人面前公眾

演說，侃侃而談。很明顯的，同樣的態度，B 的能力比較好，建立人脈一定是量多又快！因此「提升能力與態度」是你現階段最重要的工作！

順便一提，在網路資訊普及的興起時代，所有頂尖的企業家和業務高手都會想方法用：

最短的時間！

最少的力氣！

接觸最多的人！

賣出最多產品！

服務最多的顧客！

因此隨時掌握高科技、新資訊，來提升自己的能力是非常重要的一件事。

提升自己的能力

不斷去學習，提高個人氣質、魅力和價值，
這才是值得自己去努力的事情！

現在我們都知道「能力」很重要，但到底要如何做才
能提升呢？

我常問學員一個問題：「從台中到台北最主要有幾種
方法？」於是有人回答：坐火車、高鐵、巴士、自行開車、
騎摩托車、走路等等。

然後我又問：「哪一種方法最快？」大家都會回答：「坐
高鐵最快！」接著我再問：「如果你不知道有高鐵存在，
你會去坐高鐵嗎？」

當然不會！

2007 年以前高鐵尚未通車時，去台北最主要的路線不

是搭飛機、坐火車，就是走高速公路，所以當你不知道高鐵已經可以通車時，你是不會去搭高鐵的。

「那你知道提升能力有幾種方法嗎？」

這時大家開始安靜了，因為真的沒仔細研究過。同樣的邏輯，我請大家思考一下：「如果我們都不知道提升能力到底有幾種方法，又怎麼知道哪一種方法最快？更別說會好好運用了。」

前面有提過，當一個人比我們更成功，最重要有二個原因：

（1）他懂得比我們多。

（2）他做得比我們多。

一個人因為資訊、知識、經驗、智慧都比我們豐富，如果再加上他的行動量大，速度又快，那一定會比我們更快成功。而我們因為不懂，當然不會去使用，就算使用了，犯錯的機會還是很高，結果一定不甚理想。誠如美國著名的政治家、科學家班哲明・富蘭克林（Benjamin Franklin）曾說：「如果一個人將錢袋倒進他的腦袋裡，就沒有人能將它偷走。知識的投資常有最好的利潤。」

2018 年 3 月 16 日香港首富、長和集團主席李嘉誠宣布

退休。許多人都好奇他的成功究竟是從何而來？

　　他回答是：「搶學問。」

　　「搶學問」這個詞就是他創造的，他說自己不是求學問，而是用搶的。

提升能力的
四種方法

> 提升自我能力的第一種方法，
>
> 就是大量閱讀。

學歷高的人通常比較成功嗎？

不一定吧？經營之神王永慶只有國小畢業，台灣首富郭台銘畢業於中國海專，聯強國際集團總裁兼執行長杜書伍也只有大學學歷。都會區的遊民之中也不乏碩、博士，當然一個高學歷的人並不代表書讀得多，普通學歷的人也並不代表書讀得少，成就的差異其中一項，即是他看了多少書以及什麼樣的書？

大量閱讀除了可以讓自己充滿能量，進而對書籍的內容去思考、領悟與成長，然後才可以融會貫通、靈活運用。

根據《富比士》富豪榜，孫正義現年已經 60 歲，以 223 億美元（約合新台幣 6,700 億元）成為日本首富。孫正義在 23 歲時得了肝病，整整住院了兩年。這兩年內他讀了四千本書，平均一天五本。在讀完四千本書後，就寫出了四十種行業的發展計畫。然後孫正義每年過新年時，都會設定自己的年度計畫，每幾個月就逐一檢查，然後將結果列出來並且隨身攜帶，早晚上下班時拿出來檢討。孫正義就在那數十年的規劃上，持續思考每天該做些什麼，大量的閱讀與行動造就了日本首富孫正義。

中華民國第五十四屆十大傑出青年，也是台灣第一個世界級的頂尖名廚江振誠，曾被《時代》雜誌兩度以「印度洋上最偉大的廚師」盛讚，之前在新加坡開設的「Restaurant ANDRE」更被《紐約時報》力薦為「世界上最值得搭飛機來品嚐的十大餐廳」，是台灣在國際最耀眼的明星大廚。在他的第一本著作《初心》裡提到：「除了報章雜誌這個資訊管道，台灣當地找不到的資料，我就透過書局向國外訂購。賺來的錢統統拿去買書也不以為意，我像海綿一樣盡情吸收美食資訊。」

「……我大量閱讀建築、藝術、時尚流行等許多看似

和做菜沒有直接關連的書，因為它們對我在料理上的創意和啟發，都有莫大的幫助。」

　　2010 年代表中華民國台灣參賽，並獲得第一屆世界麵包大賽個人冠軍的吳寶春，在他的自傳《柔軟成就不凡》裡曾說過：「國中畢業後就北上當麵包學徒，才發現「沒讀冊」讓他吃足苦頭。」

　　「自從體會到自己與他人的巨大差距後，我十分認同『知識就是力量』這句話，因而變得十分好學，從商業、管理、勵志、文學等各類書籍中汲取成長的力量。在中國生產力中心的管理課上，我也是最用功的學生之。我把自己當成一個空瓶子，像乾海綿般汲取著前輩們的智慧，灌注我乾涸的心靈。」

　　「麵包是我的專業，但如何讓我的專業更豐富、更精采，就必須學習廚藝、美術、音樂、品嚐美食、品酒等。我也曾經為了學習如何發酵老麵，而去研究微生物。在台灣結合微生物和烘焙的書很少，所以我就去看日文的書。」

　　「當我學習愈多，瓶頸就愈少；學習愈多，我的失敗也愈少。」

　　台積電董事長張忠謀自 25 歲開始，就力行每週上班時

間不超過五十小時的原則，他也以週為單位，安排了平衡的工作與生活模式：終身學習十～二十小時、家庭生活、社交、個人興趣二十～三十小時、運動八小時、工作五十小時、睡眠、休息七十小時。

他曾說：「下班後的終生最愛就是閱讀……」

香港首富李嘉誠曾經分享他成功秘訣：從未停止讀書！

「我晚上一定會看書。如果我有一個鐘頭，即使是睡不夠、遲睡，我一樣會看書。」

年輕時，當他開始生產塑料的時候，為了加深對行業的了解，他認真地閱讀了美國的行業月刊。如今，他會閱讀與生活和業務相關的書籍。

「股神」華倫‧巴菲特也說：「我什麼都讀，企業年報、傳記、歷史書、每天五份報紙，在飛機上，我會閱讀椅背後的安全指南，閱讀是很重要的！這麼多年來，是閱讀讓我致富。」

換句話說，「創造巨富的祕訣只有一個—盡一切可能廣泛閱讀。」

波克夏副董事長查理‧蒙格在《窮查理的普通常識》一書中提到：「我這輩子遇到來自各行各業的聰明人，沒

有不每天閱讀的，沒有！一個都沒有！華倫讀書之多，我讀書之多，可能會讓你感到吃驚，他們覺得我是一本長了兩條腿的書。」

「如何讓自己生活悲慘？只要懂得妒忌、怨恨、反覆無常、意志消沉、不屑客觀、不從其他人的經驗學習，保證可以輕鬆擁有悲慘的一生。」

演講時我常調查上課學員：「每周看一本書的請舉手？」現場舉手的人其實並不多，接著我再舉例，A 先生每星期看一本書，B 先生不喜歡看書，一個星期下來，從外表上 A 與 B 並沒有什麼不同。

一個月之後，看書的量差了四本；外表上 A 與 B 還是沒明顯的差異。一年之後，看書的量差了五十二本了；B 的思想觀念還是依舊沒變，而 A 在思想與行為上已經開始不同了。直到十年之後，兩人看書的總量已經相差了五百二十本之多。不管是內在還是外表，A 與 B 的差異已經越來越大了。

十年之間，A 先生吸收了數百位成功者的畢生精華，不知不覺中，思想已經起了巨大的變化，行動的速度與量也不同，接著他的命運自然也跟著不一樣了！

94 歲的查理・蒙格平均一天看一本書！他從小到大

讀的書加起來可能都有三萬本了。知識的累積差距是會越拉越大的，由於每個人閱讀的速度與習慣不同，有些人一年可以閱讀超過兩百本書，有些人閱讀不到二十本書，所以差距也就這樣漸漸拉開。但每個人「原本的知識基礎」不同，所以平時閱讀較多書的人，能夠以較快的速度閱讀完一本書，累積知識的速度自然也就越來越快，所以知識累積的差距更會逐漸加大。

　　2013 年根據文化部公佈的調查數字：世界各國民眾年閱讀量情況，法國十本、日本八點四本、韓國十點八本、新加坡九點二本。而台灣，國民年閱讀量卻只有兩本……

　　人只要開始閱讀，就會發現自己其實還有許多不足的地方，自然就會變得謙虛，所以持續閱讀也是讓自己的心態保持柔軟的重要方法。我所知道的各行各業成功者沒有不閱讀的！一本書，是作者花了幾年，幾十年甚至一輩子的時間，內心所得到的體會，然後再濃縮在幾百頁的文字裡給讀者。如果你只用一點點錢和一些些的時間，就可以得到作者的畢生精華，那為什麼不讀書呢？

　　在投資什麼都不一定會成功的時代，「投資自己」絕對是最正確的選擇！養成吸收資訊與了解社會脈動的習慣，

這對你一定會有幫助的。

現在網路訂書非常方便，快的話，今天訂明天早上就可以收到。

我自己一年也大約要看二百本書，而從這些書籍當中，我可以學習到非常多頂尖的資訊，了解到某些人為什麼會成功和為什麼會失敗的原因，我也可以藉此不斷地反省自己、提醒自己。一個人成功之前，幾乎都有一種強烈的「求知若渴」的感覺。

想要得到什麼，絕對需要付出相對的努力。

還記得你上次拿起書本是什麼時候嗎？

如果已經很久了，現在就開始行動吧！

第二種方法是，多跟成功人士交往

我們都知道「物以類聚，人以群分，近朱者赤，近墨者黑」；狗喜歡跟狗玩在一起，螞蟻自動成一堆，警察局裡最多警察了；喜歡喝酒的人，一定有許多喜歡喝酒的朋友；計程車司機休息時，通常也都是聚在一起；業績好（或不好）的業務員通常都聚在一起，當老闆的人，通常有很多朋友也是當老闆的人；醫生的朋友們，通常也多是醫護

人員；法官的朋友們，通常也多是司法界的人；億萬富翁的朋友們，通常也很多是億萬富翁；台北市大安區、信義區，台中市的七期裡房價都是最貴的；人要出淤泥而不染，並不是一件容易的事，都會在無意識中受到影響！

仔細研究一下，看看朋友之間是不是都會討論：

「去哪一間餐廳吃飯？」

「最近看了什麼電影？」

「去哪一個國家旅遊？」

「買了什麼品牌的車？」

「做什麼樣的運動？」

「去哪裡打麻將？」

「看什麼樣的書？」

「上什麼樣的課？」

「進行什麼樣的投資，賺了多少錢？」

「做什麼樣的生涯規劃？」

「參加什麼樣的宗教團體或活動？」

所以一個人為什麼會去賭博？因為受到了朋友的影響！

一個人為什麼會抽菸喝酒？因為受到了朋友的影響！

一個人為什麼會參加讀書會？因為受到了朋友的影響！

一個人為什麼會選擇做傳銷？因為受到了朋友的影響！

一個人為什麼會想要創業？因為受到朋友的影響！

接近什麼樣的人就會走什麼樣的路！

—華倫‧巴菲特

江振誠在高二時，前去應徵西華飯店打工，面試官看了他的履歷，問他「你想應徵什麼職位？」

他回答：「什麼職位都沒關係！」

面試官又問「期望的待遇呢？」。

他說：「我不在乎薪水，你們能給多少就給多少，我只要求能在法國餐廳工作。」

「What ？」面試官吃驚地瞪大眼睛看他。最後說明工讀薪資是一個月 6 千塊錢。

當時他有一些朋友也在飯店的餐廳打工，薪水大概都超過基本的 1 萬元。

江振誠說：「錢本來就不是我打工的目地，重點是要在一流的環境工作，跟最優秀的人學習，我很清楚，未來我要賺的是立足成就的『大錢』，而不是現下這種打工的『小錢』！」

從小就很清楚在一流的環境學習的江振誠，終能造就出自己成為世界級的頂尖名廚！

因為我們都是如此容易受到身邊朋友影響，所以選擇朋友、選擇環境是成功非常重要的關鍵！

根據 80 ／ 20 法則，目前你所有的人脈中，80% 的朋友對你應該是毫無幫助的，他們通常會帶給你負面、消極的影響，當你內心有任何想改變的意圖時，他們會在此時潑你冷水，告訴你各種失敗的可能和維持現狀的好處。另外 20% 的朋友，則是屬於比較積極正面的，通常態度上會支持你改變。但最多也只有其中 4% 的優秀朋友願意協助你來改變了你的一生！

所以，你應該花 80% 的時間，跟那些會深深影響你一生的少數 4% 的朋友在一起才對。

提升能力的第三種方法：上成功者開的課

我們都知道，要會開車就要先上汽車駕訓班學習、要會打高爾夫球就要先去學打高爾夫球、要會彈鋼琴就要先學彈鋼琴、要會講英文就要先學英文。那麼，如果想要擁

有成功的人生，是不是應該先研究別人為什麼會失敗以及如何才能成功呢？

有些學習課程，花費了這些老師十年、二十年的時間來研發，他們把成功的秘訣整合濃縮在幾天的課程裡，二十年的生命智慧，難道不值幾萬塊嗎？

認真思考一下，如果能在幾天的時間得到這些人花一輩子所領悟到的成功秘訣，是不是可以減少自己犯錯的次數？是不是可以節省時間，加速自己邁向成功的腳步？雖然學費可能不便宜，但長期投資報酬率絕對是物超所值的！

吳寶春在《柔軟成就不凡》一書裡說：自從麵包業吹起變革之風，就常有世界各地的麵包師傅在台灣舉辦講習會，即使學費並不便宜，但這種錢我一向捨得花，如果今天我沒有錢來投資自己，那以後我也不會有錢。學知識的錢，我願意花。

後來又提到：我們特別邀請 2002 年得到世界麵包大賽冠軍的菊谷尚宏先生，為我們做一天的賽前訓練與示範，我問了他很多問題，包括比賽時的心情，還有，「怎麼來準備世界大賽？」

菊谷先生回答：「我一樣會興奮、緊張，因此我每次練習時，不是要練到一百分，而是一百五十分。」

他解釋，比賽過程中，因為壓力或緊張，整體的實力會下降，如果有一百分的實力，可能下降到七、八十分，如果練到一百五十分，即使實力大打折扣，還是有一百分的可能。

我聽了恍然大悟：原來日本人是這樣準備的！

我馬上決定，我要練到兩百分，才能贏他們。

由此可見，上成功者開的課是多麼重要啊！

因為上了世界麵包大賽冠軍的課，台灣最後也得到世界麵包大賽冠軍。

記得以前有一個日本節目「搶救貧窮大作戰」，節目的內容一開始都是主持人會先讀求救信，然後到當事人的店拍攝貧窮的狀態通常就是門可羅雀，裝潢很糟又不乾淨，賣的種類很多也不便宜，不用心經營而且都很難吃，之後就會由節目安排去生意非常好的達人那裡學習，讓學習的老闆們在極短時間內歸零，開始砍掉重練，包括技巧和態度。

最後學習到專家傳授的精髓，拯救自己的店和人生。

我們幾乎可以發現，一開始失敗者都是自以為是，卻又閉門造車，不願意上課進修，直到貧窮程度一直惡化，最後才不得不改變，當態度改變了，達人所教的餐飲技巧也熟練了，回到自己的店，業績自動就好起來了！

所以在一流的環境跟優秀的成功者上課學習，的確是邁向成功的重要關鍵。

　　二十多年前，當我已經「年收入」百萬時，我在書局看到一本雜誌，雜誌的封面介紹著一位年輕人，他跟我同年齡卻「月入」數百萬元，我每天都得辛苦工作，但他卻輕鬆到一個月只需上三天班。我上班領的只是一份薪水，他卻擁有許多優秀的夥伴願意無底薪幫他工作。於是我開始思考：「我跟他之間為何有著如此大的差異？」

　　心想，自己是醫學院畢業的，但他只有高中畢業，由此可知，「學歷」應該不是問題的關鍵。我雖然努力，想想也沒做錯什麼事。但肯定的是，他不僅「知道」而且一定「做對了」某些我不懂賺錢 Know How 的事……而那一年的我只有 29 歲，卻也因此下定決心：「將來一定要成為一個能夠實現理想又富有的頂尖人物！」

　　於是我開始透過看書、上課，大量地學習與行動來改變自己，朝著理想前進。還記得最貴的課程甚至花了我一天三十萬元，當時的我像海綿一樣大量又快速地吸收世界級大師的精華，然後融會貫通開始使用。二十年來，投資自己的腦袋早已超過了數百萬元，每天不斷地思考、研究、

領悟、運用。

人為什麼活著？生命的意義又是什麼？

成功者是如何成功的？成功的策略又是什麼？

他渴望的動力來自於哪裡？

他遭遇失敗後如何東山再起？

他有什麼樣的人生目標與使命？

他具備了哪些能力？

他是如何做好詳細計畫？

他的行動與速度有多快？

他是如何做好時間管理？

他是如何提供最好的服務？

他有什麼樣的想法是和別人不一樣的？

他大多看哪方面的書籍？

他是如何拓展與維繫人脈？

他又是如何面對充滿壓力的人生？

這些問題影響我過去二十年的生活，因為每天不斷地研究頂尖人物的人生方程式與成功法則，慢慢地，發現自己的思考模式也開始跟他們越來越接近。於是我再運用這些頂尖的智慧與 Know How 來幫助學員，達到更高的業績目標，獲得更多的收入，了解生命的真諦，解決生活中的

難題，過更美好的人生。

能力的提升幫助了我思考人生的方向、了解生命的意義、如何成為頂尖人物以及如何增加收入。如果當初我沒有選擇上課學習來改變自己，我想今天的我可能還是做著沒有熱情的工作，過著沒有目標、理想的生活吧。現在的我改變了自己的命運，而這一切都要追溯這麼多年來持續不間斷地上課學習！

「教育及訓練員工很貴，但不做的話代價會更高。」

—松下幸之助（日本經營之神）

接下來我們再來分析以上幾種方法的利弊得失：

吳寶春在《柔軟成就不凡》曾說：「麵包是我的專業，但如何讓我的專業更豐富、更精采，就必須學習廚藝、美術、音樂、品嚐美食、品酒等。」

江振誠在《初心》中也提到：「我卻大量閱讀建築、藝術、時尚流行等許多看似和做菜沒有直接關連的書，因為它們對我在料理上的創意和啟發，都有莫大的幫助。」

閱讀帶給了我們許多好處，除了專業知識提升以外，還有成功者奮鬥的心路歷程、成功的信念和方法，以及世

界上各行各業最新的資訊，當然也帶給我們獨特、創新的機會和思想。

我個人早期主要先看名人傳記、行銷、推銷、服務、時間管理、領導統御、公眾演說、激發潛能、目標達成、經營管理類的書。後來再閱讀命理、人性厚黑學、宗教哲學、態度、策略規劃、投資理財類。最近十年則大量研究自我分析、潛意識、前世今生、神經醫學、量子物理、生命科學、身心靈等方面的書。二十多年來，我發現大量閱讀需要花費的時間真的比較長，資訊則是片段學來的。要靠自己整合運用，其實並不是一件容易的事，而且需要反覆閱讀、思考，否則容易讀了前面忘了後面。

還有，二個人閱讀同一本書，看到的重點可能不會一樣，使用的效果當然也會不同；即使同一個人在不同的時間，因為當下的心境，也可能得到不一樣的領悟。因此大量閱讀只是帶來「初步了解」、「知道」的階段，資訊停留在「意識」的層次，離「開始行動」、「做到 」都還有極大的距離。儘管如此，我還是鼓勵大家應該要有計劃性的大量閱讀，並且要多複習思考！

接著談「與成功人士交往」：

我們都想更進步，所以會想跟成功者或比我們更棒的

人交朋友，問題是：「我們可能連靠近他們的機會都沒有！」而這些很優秀的人當然也想跟比他們更傑出的人建立人脈關係。所以我們是不是也應該思考「為什麼人家願意跟我們交往？」

現實的商業環境裡，在你我彼此都不認識的狀況下，很少人會一見如故毫無保留的跟你交心當好朋友。更何況是成功者，因此你必須投入相當多的時間贏得他們對你的信賴。還有就算這些優秀的成功者願意跟你交往，他們可能也從未想過要把自己如何成功的過程整理成一套系統，然後熱心地傳授給你。所以當你請教他們時，得到的，可能也只是他們腦中突然浮出片段的信念、方法、技巧等，這些資訊雖然對他們有效，然而每個人的命運、狀況不同，對你而言不一定就是關鍵。

因此你更需要全面的了解所有成功的方法與為什麼會失敗的原因，這樣的幫助才會比較大。

當然，與成功人士交往還是我們提升能力很重要的方法之一！

找一個成功者願意跟我們交往的理由吧？

一個人在開始進入社會，默默無名、沒什麼人脈時，建議你應該增加被利用的價值，當你不斷地能對別人做出貢獻，就有可能成為被關注的對象，進而證明了你是有能力、有價值的，而且是一個值得信任的人！

　　事實上，社會上每一個人都喜歡跟這樣的人交往。

　　付出時間提升能力，付出時間灌溉你的人脈，一旦你願意持續這個動作，繼續創造出更多被利用的價值，長期去累積就能吸引更多的人脈。然後從成功的人脈中再學習與思考，當你所建立了良性的人脈擴大系統，水到渠成的那一天，也即將帶給你成功致富。所以，再一次證明「提升能力」是你現階段最重要的工作！

　　人脈的基礎是來自於你的「能力加態度」！

　　任何一個人要成功，一定是有來自於其他成功者的協助，從今起請想辦法從第一個人脈開始建立吧！

　　再來是「上成功者開的課」：

　　因為在短短幾天的時間就能得到這些成功者花一輩子所領悟到的成功秘訣，所以上課的確能快速帶給許多人想要的 Know How，這本來應該是一件很興奮、很棒的事！然而在我從事教育訓練二十年的時間裡，我發現到一個普

遍存在的現象。許多學員在上課的過程中，發現自己真的懂得不夠多，反而失去了自信心，然後只是拼命的上課吸收知識，他忘記上課學習的目的是「使用」，因為並沒有開始使用這些技巧（或者不會運用），績效當然不太明顯。有些人因此還會怪罪課堂上的老師，教的內容無效，於是繼續追求其他名師的課程，殊不知問題其實出在自己身上。

另外有些感性的學員，他喜歡的只是上課中充滿搖滾動聽的音樂和解放的肢體動作，現場極嗨的氛圍帶給他難以忘懷的激勵情緒，但往往上完課不到一、二個月就又沒電、沒動力了，所有的行為又恢復上課前的狀態，他一樣也忘了學習的初衷應該是學以致用、改變自己、達成目標。

提升能力的第四種方法：找教練

知識在還沒被你運用之前，並不屬於你。

如果你去學做菜，師傅教了你步驟，但你從來不親自動手去煮，那知識可能對你沒有任何幫助。就算你開始動手去煮，也要不斷地練習、思考，再經過師傅的指點修正，才能煮出一道道美味的料理。

> 有真人，而後有真知。
>
> ——《莊子·大宗師》

再來跟大家談提升能力最重要的方法：找教練。

課堂上我問大家：「籃球之神麥可·喬丹（Michael Jordan）有沒有教練？」

「史上最多二十三面奧運金牌游泳選手「飛魚」麥可·菲爾普斯有沒有教練？」

大家都會回答：「有」

麥可·喬丹的大學籃球啟發教練是狄恩·史密斯，公牛隊時教練是菲爾·傑克森。麥可·菲爾普斯長達二十年的游泳教練是鮑伯·波曼。

大家思考一下：「喬丹和菲爾普斯他們倆人目前是有史以來最偉大的運動員，得獎之前喬丹的投籃技巧已經很好了，菲爾普斯已經游得很快了，那為何還需要教練？」

美國職業籃球聯賽 NBA 或每四年舉辦一次的奧運，不管是個人或多人團隊比賽，每個隊伍參賽的目的就是求勝，因為有眾多競爭對手，所以要贏得冠軍就需要策略規劃，而且每個選手都必須在參賽當下發揮最好的實力。但每個人都會有盲點，每個隊伍都需要有團隊合作的默契，因此才需要教練針對個人或團體提供諮詢與指導，不管是在技術、體

能、心理、態度、戰略各方面。如果世界最頂尖的運動選手都有教練了，那身為一般人的我們是不是就更需要了？假如我們自己一定要更優秀、更成功的話。

麥可‧喬丹在《飛人秘笈》一書曾提到：「我在北卡羅萊納大學時，是教練史密斯教我籃球是怎麼一回事，是他讓我知道基本動作的重要，教我如何把基本動作運用到打球上，這才讓我成為全能球員。」

麥可‧菲爾普斯在《金牌法則》也曾說到：「我的金牌教練讓我的夢想成真！」

「如果沒有鮑伯，我的故事肯定會不一樣，百分之百不一樣！如果沒有鮑伯，我就沒有機會創下那些我所創下的紀錄，或是贏下那些我所贏下的獎牌。」

找一個好教練幾乎是你邁向成功最重要的保證！

再來看看史上第六位世界高爾夫球后曾雅妮，19 歲時奪得四大賽之一的女子美國 LPGA 錦標賽冠軍。20 歲的她，卻跌入谷底慘遭淘汰，連晉級比賽都排不上。後來與瑞典退休球后索倫斯坦（Annika Sorenstam）深談，接受她的指導，終於讓她領悟了成功的步驟與關鍵。於是，21 歲的她

克服了心魔，再度取得美國 LPGA 錦標賽冠軍。

找對教練就是在你面對困境時，能發你的潛能，發現不同的解決方法，使你做出最極致表現來實現目標。

成功與致富是許多人的夢想，但那是需要付出心血長期努力的。

接著我們再來複習一下公式：

最多人脈＊最好（能力＋態度）＝成功致富

人脈的基礎來自於你的「能力和態度」。因此我們應該清楚「提升能力」是目前最重要的工作！

二十年來我發現，成功最穩最快的原則就是「按部就班」，而「按部就班」當中最快的方法就是「使用別人已經證實有效的方法」！

那什麼又是「使用別人已經證實有效的方法」？

第一就是：找教練

第二就是：上成功者開的課

演講、開課、訓練學員，陪我度過了人生中許多光陰，而最大的喜悅總會是看見學員的進步。不動產營業員蔡小姐在短短的一年內，業績從 360 萬達到 570 萬。全美傳銷公

司傅庭蓁小姐在半年內組織完成三位 SD。還有專營機械買賣的陳國寶老闆，在半年內從每個月成交一台，到每周一台。這些非常努力的優秀學員，正在一步一步朝他們的理想邁進！

持續不斷地閱讀、與成功者交往、上成功者開的課、找教練，四種方法同時運用，能力必然能大幅提升！

> 「如果你懂得划船，那麼任何一條船你都會划；
> 如果你不懂得划船，換一條船也沒有用。」
>
> ——古儒吉（印度靈性大師）

我們花了許多時間來分析成功致富的公式，也探討了提升能力的四種方法。但大家可能還是忽略了真正最重要的關鍵是：「成功致富到底最需要提升哪些能力？」

我們已經可以透過以上四個方法來提升能力，但卻不知要提升什麼能力？

這就好像進去書局買書卻不知要買什麼書？需要上課卻不知要報名參加什麼課程？

每個人的時間、金錢都是有限的，當然不可能每一本都買、每一種課程都上！假如你不知道這份資訊，成功致

富的路上，你的付出肯定是「事倍功半」。

　　但如果你得到了這份資訊，成功致富的路上，你的付出一定會變成「事半功倍」。所以我花了二十年時間整理出二十項能力？

　　你想得到這份寶貴的資料嗎？

　　「成功致富最需要提升的二十項能力？」

　　歡迎免費索取，當你學到這些能力，成功致富不遠矣！（請上 FB 粉絲專頁──改寫未來績效訓練學院──柯迎華，或利用本書封面改寫未來─柯迎華 QR-Code 索取！）

三、

改變態度，
邁向未來

所有改變，都源於對改變本身的「強烈渴望」，一旦擁有了這種「渴望」，就能啟動與生俱來的正能量。

——偉恩・戴爾博士（心理學大師）

美國卡內基・梅隆大學（Carnegie Mellon University）曾經研究五百位傑出校友成功的關鍵。

學校把關鍵分為三類：

第一是「專業」

第二是「態度」

第三是「技能」

這些校友表示他們成功的關鍵因素：「跟專業有關的只有 15%，其餘 85% 來自態度與技能。」所以一個人想要成功，就要把焦點放在擁有良好的態度與優秀的技能！前面提到：人脈的基礎來自於你的「能力和態度」，那能力的基礎又來自於哪裡呢？

它來自於「不斷地學習」，根源其實也就是「態度」！

態度通常會是成功與失敗之間唯一的區別！

那態度究竟是什麼呢？

我把它分為二部分：

（一）面對自己的人生

1・改變的意願

2・強化動機！

3・企圖心

4・決心

（二）做人處事

1· 真誠的態度

2· 每個人都希望被尊重

3· 覺醒的心

4· 中台四箴行：「對上以敬，對下以慈；對人以和，對事以真。」

（一）
面對自己的人生

★改變的意願★

> 人不會苦一輩子，但總會苦一陣子；
> 許多人為了逃避苦一陣子，卻苦了一輩子。

　　暢銷書作者柯林斯在《從 A 到 A+》提到，大部分的企業都只滿足於「自己已經是不錯的企業」，所以缺乏改變的意願，當面對時代的競爭洪流，除了會失去將來的成功與機會外，甚至於也有喪失生存的可能。

　　當 Nokia 手機正式退出市場時，諾基亞 CEO 約瑪‧奧利拉公佈同意微軟收購 Nokia，在記者招待會上，說了這麼一句話：「我們並沒有做錯什麼，但不知為什麼，我們輸了。」另外像是摩托羅拉、柯達等昔日的大公司，最後也

都以失敗收場，表面上他們似乎都沒有做錯什麼，只是市場變化的速度太快了。

但事實上，它們都有一個共同點：「沒有持續的創新。」

他們選擇了安逸，錯過了改變，忽略了學習，也因此喪失了機會，而且是生存的機會！

同樣地，大多數人的人生也是如此，無法創造出精彩人生最重要的原因就是「安於現狀。」「安定」幾乎是一般人最想要的，但「安定」的真正的定義又是什麼呢？

仔細思考一下！

不管你現在處在多麼舒適和安定的環境，一旦戰爭爆發，所有的一切是不是都有可能在瞬間都被破壞殆盡？當十字路口紅燈亮起時，你認為馬路上的每輛車都會自動停下來，讓你安全通過斑馬線嗎？理論上，你覺得過馬路應該是安全的，然而事實上，的確有些車輛會闖紅燈，而且有人因此受傷，甚至送命。

所以你不再過馬路了嗎？

任何其他的東西都可能隨時從你身上被取走，所以風險隨時都在，也就是「安定」這二個字本身只不過是一種假像罷了。真正的「安定」，應該是取決於你是否擁有可以處理發生任何事情的能力。所以唯一真正的安定，就是

實現的能力—透過行動實現夢想！

生命中最大的風險其實就是「不冒險」。

因為冒險有可能帶來風險，所以大多數人選擇逃避。但如果不改變、不冒險，那麼你將永遠得不到你真正想要的東西。

俄國哲學家托爾斯泰曾說：「大多數的人想改造這個世界，但卻罕有人想改造自己。」我們有可能對自己的家、自己的現況以及這個社會有許多不是很滿意的地方，代表我們的內心其實有著更多不一樣的計畫，更美好的期待。但如果你只是一個不滿意現狀、會抱怨的人，也沒有採取任何行動改變，那麼你的將來、你的環境，其實都不會有任何改變的。

事實上我們所關注的事情、想改造的環境，正是我們所在乎的焦點，外在所遭遇的一切，充其量只是忠實反映我們的內在心境，焦點產生於你自己的內部世界，為了改變外在的結果，你得首先改變內在心靈，所以改造自己才是真正最重要的核心關鍵！

只有願意改變自己，你才能看見不一樣的世界。

從事教育訓練超過二十年，演講超過二千場，見過太多聰明的學生，他們幾乎都把所有焦點放在學習更多賺錢

的技巧，誤以為只要利用這些方法就可以賺更多錢，賺到錢就是改造自己的人生。事實上不應把賺很多錢當做是你人生最重要的目標，大多數出類拔萃的成功者，都是以成為行業中的最頂尖為成功的目標，當你成為最頂尖時，你一定會受到很多人的支持，也會得到非常大的成就感，你也會覺得生命很有意義。因為你每天都在不斷地自我成長、精益求精、幫助別人，當然也會帶給你致富的結果。

「一個人能飛多高，並非由其它因素決定，而是由他的心態所致。假如你對自己目前的環境不滿意，想力求改變，那麼首先應該先改變你自己。」

—拿破崙

網路上有一篇很棒的文章《放棄你原來的樣子》，值得我們好好思考！

「有一條河流從遙遠的高山上流下來，經過了很多個村莊與森林，最後它來到了一個沙漠。它想：『我已經越過了重重的障礙，這次應該可以越過這個沙漠吧！』當它決定越過這個沙漠的時候，它發現河水漸漸消失在泥沙當中，它試了一次又一次，總是徒勞無功，於是灰心了，『也

許這就是我的命運了，我永遠也到不了傳說中那個浩瀚的大海。』它頹喪地自言自語。

這時候，四周響起了一陣低沈的聲音，『如果微風可以跨越沙漠，那麼河流也可以。』原來這是沙漠發出的聲音。

小河流很不服氣地回答說：『那是因為微風可以飛過沙漠，可是我卻不行。』

『因為你堅持你原來的樣子，所以你永遠無法跨越這個沙漠。

你必須讓微風帶著你飛過這個沙漠，到你的目的地。只要願意你放棄你現在的樣子，讓自己蒸發到微風中。』沙漠用它低沈的聲音這麼說。

小河流從來不知道有這樣的事情，『放棄我現在的樣子，然後消失在微風中？不！不！』

小河流無法接受這樣的概念，畢竟它從未有這樣的經驗，叫它放棄自己現在的樣子，那麼不等於是自我毀滅了嗎？

『我怎麼知道這是真的？』小河流這麼問。

『微風可以把水氣包含在它之中，然後飄過沙漠，到了適當的地點，它就把這些水氣釋放出來，於是就變成了雨水。然後這些雨水又會形成河流，繼續向前進。』沙漠很有耐心地回答。

『那我還是原來的河流嗎？』小河流問。

『可以說是，也可以說不是。』沙漠回答。

『不管你是一條河流或是看不見的水蒸氣，你內在的本質從來沒有改變？你會堅持你是一條河流，因為你從來不知道自己內在的本質。』此時小河流的心中，隱隱約約地想起了似乎自己在變成河流之前，似乎也是由微風帶著自己，飛到內陸某座高山的半山腰，然後變成雨水落下，才變成今日的河流。

於是小河流終於鼓起勇氣，投入微風張開的雙臂，消失在微風之中，讓微風帶著它，奔向生命中（某個階段）的歸宿。」

我們的生命歷程往往也像小河流一樣，想要跨越生命中的障礙，達成某種程度的突破，往真善美的目標邁進，也需要有『放下自我（執著）』的智慧與勇氣，邁向未知的領域。

也許你可以試著問自己，你的本質是什麼？你緊抓不放的是什麼？你要的究竟是什麼？

希望你能了解生命中不一定只有一種形式，當環境無法改變的時候，試著改變自己！

只要你的本質不變，你依舊是你……

為了達成目的，有時候你必須放棄你原來的樣子。」有的時候我們太堅持己見，還一昧地告訴自己：「以前就是這樣的啊！為什麼現在不可以？」

　　因為現在已經不是以前了，為了達成目的，有時我們要忘掉你現在和從前的樣子；懂得變通，懂得順應潮流，才能找到一條生存之道。

　　您還堅持原來的樣子嗎？

> 「成長，你的名字叫痛苦。」
>
> ──郭台銘

　　英特爾公司創辦人安迪‧葛洛夫，在他的著作《十倍速時代》中提到：「唯偏執狂得以倖存」（Only the Paranoid Survive）」，只有不滿於眼前的成功舒適，只有隨時隨地對所有狀況都很警覺又願意改變的人，才能不斷洞悉自己的未來，追求更卓越的人生目標。而且只有這種人才能在十倍速變化的現代競爭中存活下來。

　　80% 的成功來自於態度，只要改變想法，就可以改變人生。

　　有一句話說：「市場經濟沒有不景氣，只有頭腦不爭

氣。」跌倒失敗也許不是你的錯，但不努力再站起來絕對是你的錯。面對目標，沒有解決不了的困難，只有不想改變、不願面對的自己。社會上很多人選擇了「逃避」！但「逃避」只是一種不敢面對問題、不敢擔當責任的懦弱行為，通常也只會帶來拖延，只是增加狀況惡化的程度，也只會浪費更多時間、生命，倒頭來發現一樣要面對，那為什麼不現在就立刻處理呢？

人最難戰勝的終究是自己！

一個人成不成功的最大障礙其實都不是來自於外界，都是來自於「自己的態度」。

覺醒吧！學習看見自己的心！看見那不安的靈魂，看見那怠惰偷懶的心，看見那不敢面對逃避的態度！

當我們了解那些成功者的經歷，我們可以發現在他們成功之前，他可能必須忍受長達一、二十年的時間吸收新知，不斷練習修正，比別人更努力工作，這樣日復一日、年復一年，甚至於沒有任何人會去注意他，直到成功來臨。所以當我們羨慕別人成功時的風風光光，我們似乎也應該要知道，在他們成功之前所經歷的過程卻是如此艱辛。

因此我們早就該放棄那些不合時宜的堅持，因為只有這樣才能帶來更多的機會，更大的成功。

勇敢放棄你的舒適圈，放棄安穩吧，做好準備、挑戰自我、邁向新人生！假如你正處在人生的低谷，那麼代表你的機會來了，因為你需要的只是「改變」。許多人將希望寄託在明天、明年、未來，卻從來不肯努力好好地改變現在，殊不知「過去是因，現在是果；現在也是因，未來更是果」。

> 痛苦＋反省＝進步
>
> ——原則（Ray Dalio）

　　如果你不滿意現在的健康狀態，那就開始改變生活習慣吧！

　　如果你不滿意現在的收入，只能加快腳步學習、行動！

　　如果你不滿意現在的人際關係，提醒自己要有「先付出」的觀念！

　　如果你不滿意現在的環境，請重新選擇吧！

　　想要擁有更美好的未來，就必須從現在開始準備挑戰。

> 改變從來都不是「能力」的問題，
>
> 而是「意願」的問題！
>
> 你有「意願」嗎？

★強化動機★

尋找成功的理由

— KNOW WHY（桌腳理論）

課堂上我常問學員：「通常一張桌子有幾支腳？」

學員會回答：「四支」。

我接著問：「那桌腳如果斷了二支，剩下二支，桌子還穩不穩？」

大家：「不穩，很容易倒」。

那如果桌子有六支腳，即使斷了一、二根，應該還是很穩，同意嗎？

大家一定說：「同意」。

「桌面」就如同是你想要達成的夢想（比如成功致富），而「桌腳」就是支持你努力下去的動機，桌腳越多，動力越強，桌面越穩，夢想越容易實現。國際鑑識權威、華人世界第一神探李昌鈺博士在他的書中《化不可能為可能》也提到：「什麼是『桌腳理論』呢？」簡單來說，偵查刑事案件就像在打造一張桌子，需要四支桌腳才能站得穩；否則，無論這張桌面的材質再怎麼好、再怎麼漂亮，一旦

缺少這四支桌腳，就無法構成一張桌子。」

不管你夢想的目標是事業成功、還是金錢、身體健康、家庭幸福、對社會的貢獻；成功所需面對最嚴格的挑戰就是：你的動機是什麼？

為什麼一定要達成？

每個行為背後，都有一個或多個動機、都要有支持他實現的理由。接下來你才能把無形的力量化為行動，讓你自己夢寐以求的事物成真！

> 「動機及堅持將戰勝一切。」
>
> ——班傑明・富蘭克林

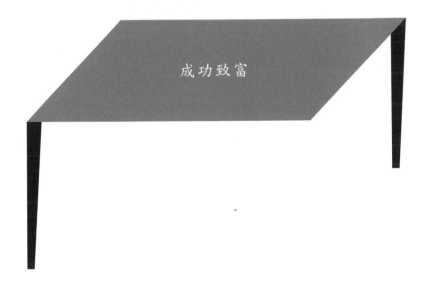

改寫未來方程式

1996 年亞特蘭大奧運馬拉松金牌來自於南非的選手 Josia Thugwane。他在 1998 年 12 月 4 日應成功學大師陳安之老師之邀在台北中央日報大樓演講，分享他如何成功的秘訣。其中 Josia 詳述他為什麼一定要達成目標的理由：

（1） 我要對得起多年來資助我跑馬拉松的朋友和鄰居。

（2） 要做就做最好的，累也一定要完成。

（3） 這是我的夢想，開始了就一定要完成。

（4） 我不能再忍受讓家人住在吃飯的地方旁邊有大便的環境裡。

（5） 我是代表國家的。

（6） 放棄是我不能接受的事實。

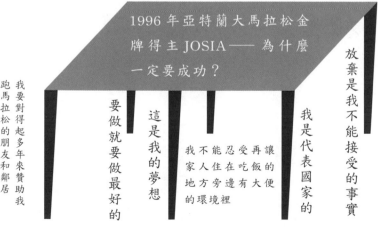

我們再研究一下 2010 年世界麵包冠軍吳寶春——為什麼一定要成功？

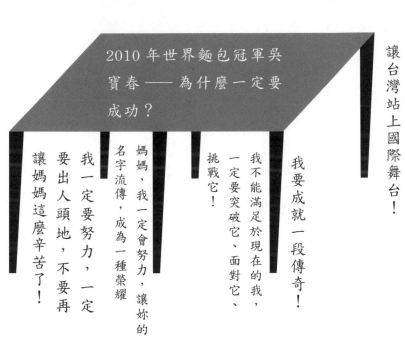

2010 年世界麵包冠軍吳寶春 —— 為什麼一定要成功？

讓台灣站上國際舞台！

我要成就一段傳奇！

我不能滿足於現在的我，一定要突破它、面對它、挑戰它！

媽媽，我一定會努力，讓妳的名字流傳，成為一種榮耀

我一定要努力，一定要出人頭地，不要再讓媽媽這麼辛苦了！

因為國中畢業旅行沒錢參加。領悟到：我一定不要再過這樣的生活，我一定要靠自己的力量成功。

2016 年印度電影「我和我的冠軍女兒」劇中的大女兒 Geeta ——為什麼一定要贏得金牌？

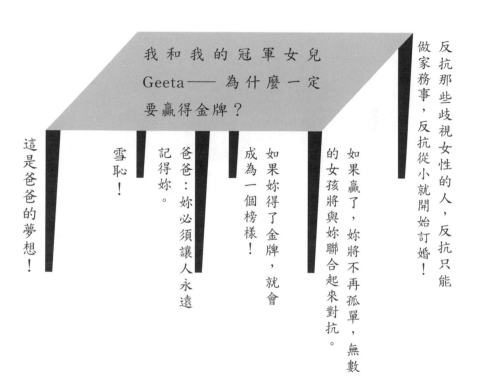

英文字 Motivation（激勵）= motive（動機）+ action（行動）

「激勵」包含了「動機」和「行動」，想要激發一個

人朝著目標前進，一定要先讓他清楚「動機」。一個可以驅使他迫切想去達成的理由，那麼他才會積極採取行動。理由越清楚、充足，代表動力越強，內心就不會畏懼而能勇往直前，行動速度就會越快，目標當然較容易達成！

同樣地，我們所設定的夢想，是源自內心真正的渴望嗎？

理由充不充足，桌腳多不多？

能不能勇往直前？

接下來這張桌子，桌面跟桌腳就讓你自己來完成吧？

我的夢想是＿＿＿＿＿＿
為什麼一定要成功？

★企圖心★

課堂上我常問大家：「覺得自己目前不是很成功很有錢，將來還希望生命更美好、更有錢的，請舉手？」

台下每個人幾乎都舉手！

接著我請大家思考一下，你跟成功者之間最大的差異在哪（除了命運因素）？

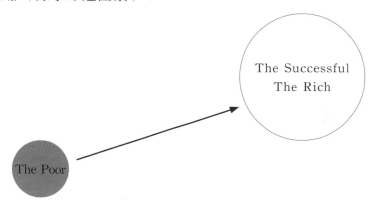

成功者跟我們之間的差異其實就在：

（1）他們懂得比我們多。

（2）他們做得比我們多。

想跟成功者一樣，我們應該優先研究：

（1）為什麼他們可以懂這麼多，他們的內心呈現了什麼樣的狀態？

（2）他們到底具備了什麼能力，懂了什麼我們不知道的策略和方法？

當你仔細觀察後，首先你會發現他們的動力來源是「渴望」！

網路上有一篇文章對渴望成功作了很好的詮釋：

「一位年輕人懶惰散漫，工作不順，卻想要成功，便向一位智者求教方法。智者把年輕人帶到海邊，讓他跟著自己下到海裡面。年輕人不解，但還是照做了。等到海水快漫到兩人的胸部時，智者突然把年輕人按到了水裡。年輕人在水裡無法呼吸，拼命掙扎。智者看時機差不多，就把年輕人從水裡拎了出來。年輕人重獲自由，咳出幾口海水，大口呼吸著，怒道：「你瘋了嗎？」

智者不疾不徐地說道：「年輕人，當你對成功的渴望，像剛才渴望呼吸那樣強烈時，你就離成功不遠了。」年輕人聽完，恍然大悟。

如果不滿意現在，看不見未來，又不肯做出改變，那

一切都只是幻想。所以當我們面對目標理想時，問問自己：
「我們真的夠渴望嗎？」

是「渴望」帶給了我們企圖心！

然而一個人企圖心的程度又分成三種：

（1）有興趣要。

這類人佔了約 80%，對「成功」只是有興趣，對「成為有錢人」也只是有興趣，一切只停留在有興趣的階段，所以他不會採取任何行動，他只擔心要成功致富可能會失去什麼、付出什麼。所以當他沒有意願學習、沒有任何改變，沒有採取任何行動，結果當然還是維持原來的樣子！

（2）想要。

這類人佔了約 17%，他們表面上非常期待、羨慕成功者、有錢人的生活，但內心其實是不安定的，滿腦筋只想快速成功致富，不願腳踏實地一步一步往上爬，往往只學了一些技巧，只願意付出一點點，只採取些微的行動，然後就想成為行業的頂尖或成功致富。當他們遇到困難就很容易放棄，從不檢討反省為何會失敗，從不認為問題可能出在自己身上？最後總是不了了之，繼續過著原來的生活。

（3）一定要。

這類人約佔 3%，是較少的一群，他們擁有一顆積極的企圖心，一旦設定好目標，就會一步一步勇往前進，遇到困難不會找理由、找藉口而輕言放棄。只會思考尋找更好的解決方法，在他們的心中沒有什麼是「不可能」的，達成目標只是時間的問題。

1987 年，南韓三星集團總裁裡李健熙的一句名言：「除了老婆孩子，一切都要改變。」為了發憤改革，他以 25 年的時間將一個原本負債累累的三流企業改造成全球一流的企業，他從改變上下班工作時間開始，將原來的「朝九晚五」改成「朝七晚四」。二十萬名員工都將提前二小時上班，剛開始遇到非常多的阻力，輿論皆嗤之以鼻，員工暗地裡嘲諷，所有的人都覺得可笑至極。但李健熙展現強大的企圖心，投入全部時間與心血，致力改善當時無競爭力的三星集團，在面對員工超過一千小時的演講，終讓員工的觀念和思考模式產生了改變，也讓三星集團安然度過 1997 金融風暴，光是西元 2000 年一整年，三星就賺進營業利益 133 億美元，這是超過六十年來所賺得利益的兩倍多，並在 2002 年超越 SONY。

2012 年英國倫敦殘奧會上奪得 5 面金牌的潔西卡‧朗（Jessica Long），鮑伯教練認為她要達到奧運選手選拔合格成績是很困難的，尤其考量她的身體障礙。但接下來，她幾乎不假思索地說：「我的座右銘是──生命裡唯一的殘障，就是負面的態度。」

　　接著微笑地說：「我真心相信這句話。」

　　又說：「尤其我又沒有腿。」

　　這是一個沒有雙腿的游泳選手，為了參加殘障奧運所展現強烈的企圖心以及全力以赴的態度。

　　成功路上並不擁擠，因為堅持的人不多。

　　人生就像跑馬拉松，開始的時候成千上萬人參加，到了中途，人群越來越稀少，大多數人都在這時候開始放棄了，到後來只剩下幾個人在跑。

　　面對目標，問問自己的心，你的企圖心層級在哪？

　　你是「有興趣要」、「想要」還是「一定要」？

　　你的「選擇」決定了你的「命運」。

　　太多的證據顯示「成功最重要的關鍵」其實就是：「強烈的企圖心！」

　　是「強烈的企圖心」讓阿里巴巴創辦人馬雲成為亞洲首富！

是「強烈的企圖心」讓鴻海集團創辦人郭台銘成為台灣首富！

是「強烈的企圖心」讓 Uniqlo 創辦人柳井正成為日本首富！

是「強烈的企圖心」讓韓劇《大長今》裡的長今成為第一位女性御醫！

是「強烈的企圖心」讓保險業務員原一平成為日本推銷之神！

是「強烈的企圖心」讓李安得到兩屆奧斯卡金像獎！

是「強烈的企圖心」讓喬・吉拉德成為世界上最偉大的銷售員！

是「強烈的企圖心」讓安藤忠雄得到普立茲克建築獎！

是「強烈的企圖心」讓鳳飛飛連續獲得二屆金鐘獎最佳女歌星獎！

是「強烈的企圖心」讓陳金鋒成為臺灣巨砲 ！

是「強烈的企圖心」讓劉謙獲得魔術界的奧斯卡獎 ！

…………

你根本無法想像他們還沒有成功時有多麼努力，而支持他們走到今天的就是強烈的企圖心。

另外除了他們強烈的企圖心以外，我們跟這些成功者之間的差異，就是「成功者一定具備了某些能力和懂了我們不知道的策略和方法？」因此我們現在最應該做的，不就是要把 Focus 放在「學習」嗎？

　　學習他們所具備的一切（包括企圖心、知識、能力……）。

　　然而問題又出現了！

　　這時企圖心不強的人又會提出一套說詞：「我現在為了生存都不夠用了，哪有時間跟金錢去學習？還是等我有錢有時間再學習好了。」既然沒有學習，他就沒有證實有效的方法可以運用，所以很容易從現在的小窮變成大窮，辛苦努力一段時間後，也只能再從大窮掙扎到小窮。他為了生存不斷地進入惡性循環，成功致富似乎變得遙不可及了！唯一能指望的也只剩運氣了，然而「運氣」也不是他能掌控的，這就是尚未成功的人、窮人所必須認清而且該改變的思考邏輯，只有先付出、先學習，改變思想，付出行動，才有可能改變命運！

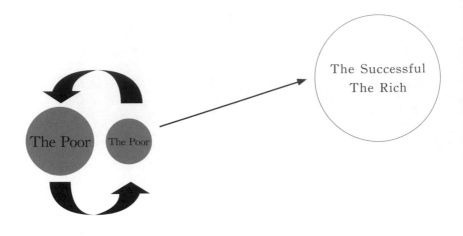

　　當你覺醒了，想改變目前不理想的狀況了，即使你已走上開始學習的路，你的狀況仍然會繼續惡化一段時間，因為現在是「結果」，是過去的「因」所造成的，只有靠著信念才能撐過這個辛苦的階段，沒有強烈企圖心的人這時候可能就放棄了。如果我們太在乎眼前的痛苦，那麼勢必到不了後面的成功。

　　當你咬著牙撐過這段黑暗的谷底，你已慢慢往上爬，邁向成功之路了！

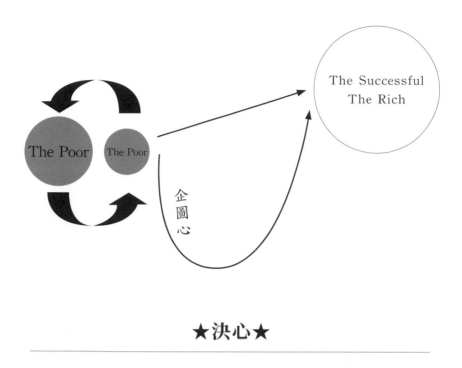

★決心★

> 一旦下決心成為第一，便積極朝著這個目標努力
> 邁進，這是我個人的工作信條。

—孫正義（日本首富）

　　強烈的企圖心喚醒了你渴望的靈魂，當你痛苦到極點，無法再忍受目前的這一切時，猶豫不決就會讓成功從指縫間溜走，唯有「下定決心」才能拉進你與成功的距離。

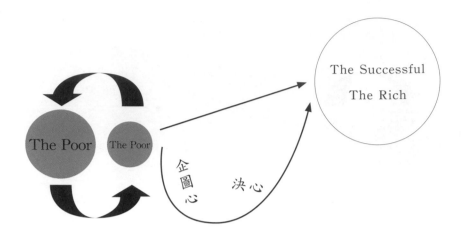

The Poor The Poor

企圖心　決心

The Successful
The Rich

　　我們都有搭飛機的經驗，當飛機滑出停機坪來到跑道 STANDBY，等待塔台的指示，然後起飛。

　　接下來，我常問學員二個問題？首先是「飛機為什麼飛得起來？」

　　答案有很多，但真正的答案其實只有一個：「機長想飛」。 如果機長不想飛，整架飛機也只能乖乖留在陸地；然而在人生的旅途上，你就是主宰這架飛機的機長。不想被命運束縛的你，如果還想要創造新的命運，那麼你一定要飛起來。

　　第二是「飛機起飛的時速要到達幾公里時才能離開地面？」

正確解答為：若是波音 747 客機，起飛速度一般為每小時二百八十～三百二十公里左右（因機型而略有些微差異）。

接著我又問：「當飛機時速五十公里時，可不可能飛起來？」

大家都說：「開玩笑，怎麼可能！」

當飛機時速一百公里時，可不可能飛起來？

答案很明顯是「不可能」。

若飛機時速達二百公里時，可不可能飛起來？

答案當然還是「不可能」。

所以只有當它時速達到時速二百八十公里以上，飛機才可能起飛！

飛機時速一百或二百公里，就好像是一個人的企圖心只是達到「想要」的程度，根本無法飛起來。

機長如果不想起飛，其實一開始就應該待在停機坪，這樣也就不會浪費時間與油料，因為沒有達到逃逸速度反正也飛不起來。如果一個人不是一定要成功，乾脆一開始就應該選擇平淡過一生，不要抱太高的理想，因為虎頭蛇尾最終也只會一事無成！

只有當一個人下定決心全力以赴，飛機時速達到 280

公里，飛機才能飛起來，他的命運才會有改變的可能。

　　那什麼叫「決心」？

　　我們來看看這些成功者的態度。

　　剛出道的蔡依林，沒有舞蹈細胞、常常同手同腳，老師認為她根本不是跳舞的料。但現在是「亞洲流行天后」的蔡依林，動感的舞曲搭配時尚的舞步卻成為其深入人心的形象。曾經有主持人問她：「如何在又唱又跳中不喘？有什麼技巧？」

　　蔡依林：「其實就是不斷的練習、練習、再練習。」努力與認真促使蔡依林的舞藝不斷進步，蔡依林說：「我不能忍受還沒學好就放棄」。只要她下定決心想要學的，認為必要學的，她一定全力以赴，直到達成目標。

　　柯林頓高中時代不僅是位優秀的學生，也是位出色的薩克斯風手，還一度想成為音樂家。在學校熱中校園政治的柯林頓，曾代表阿肯色州到華府接受甘乃迪總統表揚，之後他就「下定決心」要參與政治，到華府闖天下。

　　結果 1978 年，柯林頓 32 歲當選阿肯色州州長。

　　1992 年當選為美國第四十二任總統。

如果一個 19 歲的大學中輟生，頂著一頭亂髮，腳踏涼鞋，大剌剌地來到你的公司門口，揚言不錄用他，他就賴著不走。你會錄用他？還是請警衛趕人？

　　雅達利創辦人布許聶爾獨具慧眼，洞悉了這個怪胎少有人能及的熱情、瘋狂與創造力，最終錄用了這個嬉皮小子，成為雅達利第四十號員工，他就是史帝夫‧賈伯斯。

　　肯德基創辦人桑德斯上校，在他 65 歲時，窮困潦倒，當他拿到生平第一張救濟金支票時，金額也只有 105 美元。可是他並沒有因此懷憂喪志，他想到的是如何改善自己的生活，他問自己：「自己到底可以為人們貢獻些什麼？」

　　他開始思量自己還可以做什麼？

　　後來，他發現自己擁有一套應該是人人都喜歡的炸雞秘方，不知道餐館要不要？

　　他本來打算直接把秘方給賣了，但想想賣掉的錢夠付得起房租嗎？不如教教餐館「如何把炸雞炸得好吃的技術」，如果店家生意越做越好的話，或許他還可以跟餐館老闆談談抽成也不一定。桑德斯就此展開行動，把他的想法告訴每一位餐廳老闆，但人們的反應卻是無情的。

　　很多人都嘲笑他：「得了吧！老傢伙，如果有這麼好的秘方，你幹嘛還穿著這麼可笑的白色服裝呢？」然而桑

德斯並沒有因此而放棄，在他得到第一聲「YES」之前，他整整被拒絕了一千零九次之多，有整整兩年的時間，獨自駕著他那輛又舊又破的老爺車，走在美國的某個角落上，睏了就睡在汽車後座，醒來便繼續訴說他的點子，他所示範的炸雞，經常就是自己果腹的食物……

　　長達兩年的堅持與不放棄，使得桑德斯爺爺打造了他成功人生。

　　如果換成是我們，有多少人能熬過那一千零九次的失敗？

> 人從下定決心開始的那一分鐘起，開始成功。

——哈維·麥凱

　　世界第一人脈專家，暢銷書《攻心為上》作者哈維·麥凱，也是市值 8,500 萬美元的麥凱信封公司執行長，1959 年 28 歲時，為了找尋貸款以籌建 20 萬美金的新工廠，他跑了十三家不同的機構，遭到十三次的閉門羹。

　　於是，他用地圖和圓規，以明市為中心畫出一個半徑三英寸的圓，拜訪這個區域內的每家銀行和抵押公司，但遭到更多次回絕後，他仍然繼續畫圓。

最後畫的圓大到足以涵蓋米爾瓦基郡，就在那兒得到貸款。

　　他說這就是「決心」！

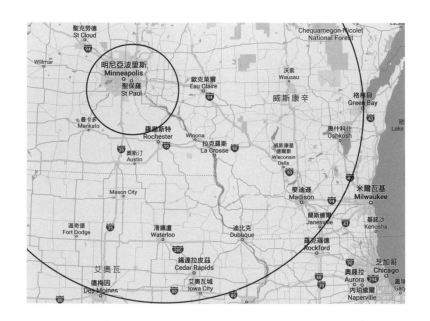

「我17歲時離家，25年來到處碰壁！

我寫了二十多齣劇本，沒有成功。

但我下定決心！絕不放棄！

最後我終於寫出了《與狼共舞》！」

—麥克·布萊克

「與狼共舞」最終獲得了七座奧斯卡金像獎，票房大獲成功！

席維斯·史特龍（Sylvester Stallone）的故事：

史特龍還未成名前，他的夢想就是當一位演員，但因為左下臉天生麻痺，使他的臉是不協調的，口語表達含糊不清，每一個製片導演看到他都說：「你太醜了，不行！」所以他就一直遭受到拒絕。

「劇本不錯，當男主角，簡直是開玩笑！」他又遭受了一次次的拒絕。

因為這樣的面試他碰過了無數次，幾乎每一次都失望而歸。但他從來沒有放棄！

「也許下一次就可以！我一定能夠成功！」他總是這樣鼓勵自己。

在他遭遇第一千八百五十五次拒絕後的那一天，一個曾拒絕過他二十多次的導演輕輕地把手放在他的肩膀，並且告訴他：「你可以寫寫劇本，也許可以在這方面進一步挖掘自己。」

1975年某一天，29歲的史特龍偶然看到一場電視直播，那是拳王阿里和一個無名小卒的對決，這場拳擊比賽並沒

有像觀眾預測的那樣一面倒，「無名小卒」頑強地抗擊了十五回合才光榮倒下，贏得了阿里的尊重。

這個畫面立刻啟發了當時找不到出路的史特龍，一個idea突然在他腦海中閃現，讓他寫下劇本《洛基》，而且僅僅花了三天就一氣呵成。

這是一個描述落魄拳擊手洛基挑戰拳王的故事，而洛基的生活經歷，其實就是史特龍崎嶇人生的寫照。這時候史特龍身上也只剩106美元了。

有一家製片廠願意出兩萬美金買下這劇本，條件之一是由別人來演，但是史特龍希望這部電影由自己來演，而且免費演出。

接下來，對方開出8萬美元的酬勞，附帶條件是他不能在電影裡出現。

知名導演勞伯‧瑞福願意加碼至20萬美元，但條件還是一樣，必須由其他明星演出。後來再提高至30萬美元，最後甚至願意拉高至33萬美元。

但無論如何，史特龍總是告訴對方，如果他不能演這部電影，片子拍不成他也在所不惜。談判結果，他收到2萬美金的劇本費、演員每週340美金，共23,000美金，扣掉花費、經紀人和稅，只剩6,000美金。

以當時的情況來看，如果他不堅持，單靠劇本至少就可以賺到 30 萬美金。

然而最後的結果是— 1976 年，史特龍以「洛基」一片獲得「奧斯卡最佳男主角」提名，並且贏回了三座奧斯卡獎座：最佳影片、最佳導演、最佳電影剪輯。

從此以後，主演三十一部電影，收入超過 13 億美元。

困境，是為了阻擋那些沒那麼有熱忱的人。但困境卻阻擋不了有決心的人。困境有多大，為的是考驗你的決心有多大！

1998 年我母親待了十六年的公司故意惡性倒閉，還積欠員工三個月薪資。上千名員工即使有執行命令，卻沒有一個人可以領到薪水。於是我自告奮勇要幫忙母親拿回退休金及積欠的薪資，不料律師們都認為官司一定會贏，但可能拿不到錢。我心涼了一半，話已經說出口了，不管如何一定要做到，於是我開始了漫漫長路的努力……

民國 87 年 6 月 20 日——請母親搜集退休之相關資料。

民國 87 年 7 月 6 日——向公司寄存証信函。

民國 87 年 7 月 31 日——申請退休。

民國 87 年 9 月 7 日——陳情嘉義縣政府社會局。

民國 87 年 9 月 17 日——嘉義縣政府社會局召開第一次協調會。

民國 87 年 9 月 25 日——嘉義縣政府社會局召開第二次協調會。

民國 87 年 9 月 29 日——移送台灣嘉義地方法院檢查署。

民國 88 年 3 月 31 日——歷經六次開庭後，台灣嘉義地方法院檢查署提起公訴。

民國 88 年 4 月 20 日——聲請台灣嘉義地方法院刑事附帶民事訴訟。

民國 88 年 5 月 5 日——台灣嘉義地方法院刑事判決。

民國 88 年 5 月 14 日——台灣嘉義地方法院刑事附帶民事訴訟聲請駁回。

民國 88 年 6 月 10 日——被告上訴台灣高等法院台南分院。

民國 88 年 7 月 21 日——台灣高等法院台南分院刑事判決。

民國 88 年 7 月 22 日——台灣高等法院台南分院刑事附帶民事訴訟移送民事庭。

民國 88 年 7 月 30 日——歷經七次開庭後台灣嘉義地方法院民事判決。

民國 88 年 9 月 30 日——台灣嘉義地方法院民事判決確定。

民國 88 年 11 月 30 日——嘉義縣政府行文台北市政府勞工局，請求協助支付勞工退休準備金，工廠公告註銷。

民國 88 年 12 月 14 日——台北市政府勞工局行文台北市政府建設局（經濟部商業司），查明公司是否註銷。

民國 89 年 1 月 11 日——台北市勞工局行文：

1. 公司尚未辦理解散登記，請依法院判決，請求該公司給付退休金。

2. 勞工退休準備金，需由雇主會同勞工退休準備金，監督委員會主任委員和副主任委員共同簽署或需事業單位歇業方能給付。

民國 89 年 2 月 21 日——台北市勞工局行文被告，文到十日內聲明貴公司未歇業，逾期即認定歇業。

民國 89 年 7 月 13 日——台北市政府勞工局，將歇業案移請台北市商業管理處。

民國 89 年 7 月 22 日——陳情台北市長馬英九。

民國 89 年 7 月 28 日——台北市商業管理處公告依規定

辦理命令解散作業需半年。

民國 89 年 8 月 15 日——聲請台灣台北地方法院民事執行處強制執行。

民國 89 年 8 月 17 日——台北市政府勞工局凍結被告勞工退休準備金。

民國 89 年 9 月 2 日——台北市政府勞工局行文台北市商業管理處，請其認定公司歇業進度。

民國 89 年 9 月 2 日——台北市政府勞工局第二科科長，要求我文到七日內至局內洽商。

民國 89 年 9 月 13 日——台灣台北地方法院民事執行處駁回聲請。

民國 89 年 9 月 16 日——台北市政府勞工局行文：

1. 本案僅一人請求認定歇業，與程序不合，故需經台北市商業管理處認定歇業。

2. 被告嘉義廠亦無公告註銷，請原告提供公司員工名冊代表。

民國 89 年 9 月 25 日——嘉義縣政府行文台北市政府勞工局，該工廠已於 88 年註銷。

民國 90 年 7 月 16 日——行政院勞委會行文各縣市政府及中央信託局，不得以扣押名義拒絕支付退休金。

民國 90 年 8 月 20 日──中央信託局行文台北市政府勞工局，需貴府配合查明有無歇業。

民國 90 年 9 月 10 日──中央信託局行文台北市政府即將採取訴訟。

民國 90 年 10 月 17 日──行政院勞委會行文各縣市政府、中央信託局如地方行政機關無明確判定事業單位歇業，勞委會同意以未歇業處理。

民國 90 年 12 月 19 日──台灣台北地方法院民事執行命令，強制執行。

民國 91 年 1 月 7 日──中央信託局對台北地方法院民事執行處強制執行，聲請異議。

民國 91 年 2 月 1 日──台北市政府商業管理處終於公告撤銷登記。

民國 91 年 2 月 27 日──再一次聲請強制執行。

民國 91 年 4 月 4 日──台北地方法院終於判決強制執行成功。

民國 91 年 4 月 12 日──前往中央信託局填妥給付通知書。

民國 91 年 4 月 15 日──收到退休金支票：金額 610,731 元。

歷經了三年十個月，化不可能為可能，我終於幫母親拿回她應領的薪資及退休金。這也是中華民國第一個因勞工退休金法律不周延而修改的案例，我用恆心毅力去完成那些看似無望的事。

這就是我的決心！

在努力的過程中，即使大家都說你辦不到，那也無所謂，重要的是─你相不相信你自己？

只要你相信自己，就能成就一切事情，所以絕對不要放棄！

英國首相邱吉爾先生最精彩的一次演講，是在劍橋大學的一次畢業生典禮上。當時整個會場坐著成千上萬名學生，在隨從的陪伴下，邱吉爾先生準時到達會場，走向講台。站在講台上，只見邱吉爾脫下大衣交給隨從，然後摘下帽子，默默地注視著現場的聽眾們，過了一分鐘，他說了：「Never give up！Never give up！Never！Never！Never！」（絕不放棄！絕不放棄！絕不、絕不、絕不。）說完就戴上帽子、穿上大衣離開了會場。

這讓整個會場鴉雀無聲，一分鐘後，突然掌聲雷動。

邱吉爾一生為英國立下汗馬功勞，被評選為最偉大的

英國人，這樣偉大的成就是邱吉爾堅持不懈、永不放棄精神的最佳寫照。

當你開始行動到成功之前，這是一段漫長又辛苦的時間，因為沒有捷徑，有太多人會因為受不了而退出，這時候困境就會讓一般人淘汰出局，只留下有決心的人。逆境的確會讓我們想放棄，但是一旦放棄，一切就歸零了！

但這是你要的嗎？

成功的人都是不甘心被拒絕的。他們在擁有成就前，都必須忍受重大挑戰，他們必須克服阻礙大多數人成就大事的難題。而要做到這樣，就必須培養堅持到底的習慣。看看大多數的人面對理想，無法下定決心的六大藉口：

（1）因為沒錢，所以放棄。

（2）因為能力不夠，所以放棄。

（3）因為害怕失敗，所以放棄。

（4）因為太忙沒時間，所以放棄。

（5）因為目標太難，需要付出的代價太大，所以放棄。

（6）因為習慣了舒適平凡的生活，所以放棄。

沒有決心的人大多是喜歡投機取巧的人，他們愛找捷

徑，想透過某個方法、機會就能一飛沖天。但你我都清楚這是不切實際的，就連創業、投資股票，買房地產，甚至是賭博，可能都需要一定的知識才可能長期獲利，這是一個現實世界，不要逃避事實，要面對現實，下定決心你才有機會。

什麼叫「決心」？

就是「一定要」

就是「永不放棄」

就是「全力以赴」

就是「想盡所有辦法」

就是「用盡所有力氣」。

面對目標，你全心投入了嗎？

成功 ＝ 決心 ＋ 方法 ＋ 行動

告訴自己：

只要我不斷嘗試、堅持不懈、勇往直前，我相信一定可以成功，我來到這個世界上並不只是為了生存下去，雖然有可能隨時會遭遇失敗，然而成功也有可能就在路的下

一個轉彎處。到達前我不會知道距離還會有多遠，所以我一定要繼續走下去。如果還是沒有到達，我會繼續再邁出一步，只要還有一口氣，我就會堅持下去。因為我知道成功最重要的關鍵：下定決心！

　　只要我堅持得夠久，我就可以取勝，我永遠不會考慮放棄，我會堅持到成功為止。

（二）
做人處事

> 在你口渴之前請先挖好井。
>
> ──人際學專家│哈維‧麥凱

　　從小在家庭、學校所受的教育，都是教我們做人要善良、誠實、認真、負責、品德、謙虛……，但慢慢踏入社會後卻發現世態炎涼、現實無情、人情冷暖。也許你還會開始懷疑過去所學習的思想觀念、做人的方法是不是正確呢？然而仔細研究世界許多受歡迎的人，幾乎都是品德高尚，具慈悲心、愛心的人。

　　一個人為什麼會成功？

　　其實都是取決於自己內心的想法、觀念以及態度。

　　外在只是內在的反映！

　　內在沒有的東西，外表是裝不出來的。內在擁有的東

西，久而久之，外在自然而然就會表現出來。一個人的氣質、能力其實是受到人的內在美好與態度所影響。當我們擁有了這些正確的觀念與態度來待人處事，雖不見得可以立即成功，但日子一久，個性、態度、價值觀，就會逐漸幫我們建立口碑，形成人脈網。

等到機會來臨時，人生瞬間可能就改變了。

可是如果沒有這些正確的觀念與態度，即使非常幸運地賺了很多錢，長期下來，終究會因實力及人脈基礎不穩而回歸失敗。人生活在社會裡，不得不與人交往，因此就一定得注重人際關係，所以人際關係正是人與人交往的潤滑劑。

美國著名的教育家卡耐基也曾說：「一個人事業上的成功，只有 15% 是由於他的專業技術，另外的 85% 要依靠人際關係、處世技巧、有效說話等。」

由 Robert Waldinger 教授（哈佛大學醫學院麻省總醫院（MGH）精神科醫師、精神分析治療師），從一項長達七十五年的研究中。他們發現，那些幸福的人生都有一個共同特點：答案幾乎都跟成就或財富無關，一個幸福的人，基本上都擁有良好的人際關係。

人生在世，一方面要做人、一方面是處事，

如何將做人處事做好，而且做得極致，就是成功。

★真誠的態度★

人際關係最重要的，莫過於「真誠」，

而且要出自「內心」的真誠。

「真誠」在社會上是無往不利的一把劍，

走到哪裡都應該帶著它。

—三毛

經典古訓告訴我們：

「以利相交，利盡則散」

「以勢相交，勢敗則傾」

「以權相交，權失則棄」

「以情相交，情逝則傷」

「唯以心相交，方能成其久遠。」

別人對你的第一印象往往來自於你的態度。

亞伯拉罕・林肯說：「如果你想贏得成功，首先就要讓人感受到你的真誠。」朋友交往中最有效最好的技巧就是真誠的態度，只有真誠才能取得持久的友誼。

1998 年我想到南台灣墾丁去旅遊，特別選了墾丁福華這間五星級飯店，於是撥打電話準備訂房，不料前前後後打了七通電話，電話總是停留在總機就被告知：「訂房組忙線中，請稍後再撥。」飯店生意實在太好了，電話打不進去，導致那年只好改住其它飯店。

隔年，我又想去墾丁渡假，再度打了六通電話，沒想到還是跟去年一樣，停留在總機就被告知：「訂房組忙線中，請稍後再撥。」最後我撥了第七通電話，要求轉至服務台並留下姓名、電話，麻煩訂房組於下班前與我連絡訂房。從下午二點一直等到六點，還是等不到電話訂房，隔天我寫了一封信向總經理反應，卻沒想到總經理以極快速度和我連繫、道歉，還安排好訂房事宜。那時感受到總經理真誠的態度，因為一般飯店總經理還不一定願意親自處理這種小事。

怪不得墾丁福華渡假飯店二十年來在總經理張積光的帶領下業績長紅，他為人真誠，是贏得人氣與支持的重要關鍵。

> 「以誠感人者，人亦以誠相應之。」

香港首富李嘉誠曾說：「不是老闆養活員工，而是員工養活了整家公司。」對於員工，他沒有大老闆的架子，有時還跟工人一起蹲在地上吃飯。而跟隨他多年有功於長江實業的老臣，他也始終懷有感激、善待、報答之心。

企業集團員工流動率始終低於 1％，他說他只做兩件事：

第一是給員工好的待遇。

第二是給員工好的前途。

他的真誠與用心換得員工的忠誠回報，更是事業發展的後盾！

美國著名成功學專家戴爾‧卡耐基說過：「一個能夠從細微處體諒和善待他人的人，一定是一個與人為善的人，必定有很好的人緣關係，這種人緣關係就是他成功的基石。」

2013 年 5 月我看到《中國時報》記者曾懿晴的一篇報導：高鐵服勤員通過嚴格訓練後上線，將服務作到旅客心坎裡。服勤員韓采恩在列車服務時，遇到旅客帶著照片一起搭乘，發現他是為了替過世的父親，一圓生前無法搭乘高鐵的願

望。

　　她見這位旅客點了咖啡後，對著手上照片念念有詞，經過主動關心詢問，她驚覺自己提了一個不知該怎麼收尾的話題。於是她深呼吸一口氣，不急不徐端上兩杯咖啡，並對男子緊握的照片說：「這杯是您父親的熱咖啡，請兩位慢用、小心燙口。」

　　她在這名旅客淚流滿面的神情中看見感激。

　　我想，任何工作，唯有真誠地服務，才能感動別人。

　　高鐵服勤員韓采恩突顯了用「心」，才能出類拔萃，之後她也被高鐵調派為服勤員講師，將更多新進人員訓練成旅客的天使。

> 「練球與做人道理十分相似，就是『真誠』，
> 每一秒都得付出最真實的自己。」
>
> ——陳金鋒（La New 熊隊球星）

　　三國時期，劉備聽了徐庶的推薦，三顧茅廬終於請出臥龍諸葛亮，而諸葛亮就是因為被劉備的真誠所感動，才答應輔佐他。劉備後來建立了蜀國，與魏、吳形成三國鼎立的局面，他的成功雖然是因為有了諸葛亮足智多謀的協

助，但最終其實還是根源於劉備自己真誠的態度。可見真誠的態度可以打開別人的心靈，也會為自己帶來成功的機會。

　　一個人在做人處事上有無用心，相信別人是可以感受出來的。

　　有一次我在《Cheers》雜誌上看到一篇文章，介紹第一名模林志玲認真、誠懇、高 EQ、好人緣。當林志玲走紅時，蜂擁而至的邀約，不可能盡如人意，因此就要仰賴經紀人負責安排行程與拒絕邀約。假如真的必須推掉的邀約，對方又是自己認識的人，林志玲不管再忙、再累，都會親自打電話給對方或當面跟對方說明。他說：「我覺得透過別人是不夠的，我一定要自己去面對，然後透過眼睛去告訴他們我的誠意。」

　　其中浪琴錶邀請林志玲去西安宣傳，與當地一百多位經銷商吃飯，每一位經銷商走到台上和林志玲合照、握手，身高一百七十四公分又穿高跟鞋的她，一定會膝蓋微彎，蹲到和對方一樣的高度，眼神平視地和對方握手。林志玲總共蹲了八十幾次，她柔軟的身段，一切以替別人著想為先，這就是她做人成功的地方。

此外真誠的態度當然也包含了「信用」，誠信是每個人未來成就的重要指標！

　　「一言九鼎」、「一諾千金」，言語上要有信用，這是做人的基本條件。子曰：「人而無信，不知其可也」《論語、為政篇》。至聖先師孔子告訴我們：「信」是一個人的立身之本，如果不守信，在社會上就無立足之地，什麼事情也做不成的。朋友之間若充滿虛偽、欺騙，就絕不會成為真正的朋友；商場上簽訂合約時，也都會期望對方遵守合約。若不講誠信，市場一定大亂。

　　不論是交朋友或任何商業行為，其實都是建立在誠信的基礎上。

　　諸葛亮準備第四次伐魏時，楊儀提議：「前幾次出兵，將士都已疲憊不堪，糧草補給又困難。建議將二十萬大軍分成兩班，以三個月為一期，先派出十萬軍隊出祁山，駐紮三個月後，再將前線的十萬軍隊和後方漢中的十萬軍隊交換，如此循環交替，士兵才不致疲乏。」諸葛亮認為這的確是用兵良計，便請楊儀下令兵分兩班，以一百日為一周期，循環輪班，違反的人一律按軍法處治。

　　百日時間一到，楊儀面見諸葛亮說：「原訂前後兩班

軍隊百日一換的期限已到，後方漢中部隊已出發，前線共有八萬人，其中四萬人必須換班回漢中，請丞相下令，會兵交換。」

諸葛亮說，「期限已到，準備交接。」

大軍聞言，準備啟程。

不料魏大將孫禮引雍州、涼州軍隊二十萬突襲劍閣，司馬懿則領兵攻打滷城，蜀軍大為驚慌。蜀軍將領紛紛向諸葛亮進言，「魏軍來勢洶洶，丞相可以先留下準備換班的軍隊，擊退來犯的曹軍，等戰事結束後再回漢中。」

諸葛亮說：「我用兵遣將，以誠信為本，有令在先，豈能失信？況且士兵都已做好回家的準備，後方家人也都盼望他們趕快回家團聚。即使面臨險境，我也絕不會背棄諾言強留下他們。」此令一下，準備交接回鄉的將士極為感動，並表示，「丞相如此誠信，我們都願意留下作戰，擊退魏兵，以報答丞相之恩。」後來，所有士兵都願意留下出戰，諸葛亮便說：「既然你們願意跟隨我出戰，可以出城駐紮佈陣，待魏兵一到，不要給他們喘息機會，立刻攻擊。」

雍、涼兵馬遠途長征，抵達城外時不但兵疲馬乏士氣也低落，蜀軍一擁而上，以一當十，大敗魏軍，司馬懿最後只好領軍撤退。

戰事結束，諸葛亮出城犒賞三軍，特別褒揚主動放棄回鄉、參戰的士兵，部隊一片歡欣鼓舞。

在這個故事中，諸葛亮難能可貴的就是在危難之際還能展現誠信、正直的領導。而社會上很多人常輕易的給別人承諾，卻沒發現自己根本就做不到，到時候在別人眼中，就會成為一個會欺騙、沒有信用的人，一個不守信用的人怎麼可能得到長遠的成功呢？

★每個人都希望被尊重★

當你拿起一張團體照片，你會先看誰？

答案幾乎都是先看你自己。

所以一般人通常只會對自己感興趣，只關心自己。

因此若要讓自己成為受歡迎的人，除了保持熱誠與笑容、記得對方的名字外，就要把焦點放在別人身上，多讚美別人，多談別人感興趣的事。

前面提到全球知名商業演說家 哈維・麥凱，早期他還只是一個小有名氣的作家時。有一天，他接到 CNN 談話節

目的製作人員的電話，說他已列入主持人賴瑞‧金（Larry King）的採訪候選名單中。賴瑞‧金會親自打電話給名單上的每個人，再決定最後上電視接受他採訪的人選是誰。

賴瑞‧金是美國談話節目天王級的主持人，他的節目通常由助理先策劃，包括節目內容的製作、特別來賓的邀訪等。至於賴瑞‧金最後要採訪誰，還是由他自己做最後決定。

哈維‧麥凱很清楚，如果他有機會接受賴瑞‧金的採訪，對於知名度的提升，一定有很大的幫助。但只憑著一通短短幾分鐘的電話，他要如何才能贏得上節目的機會呢？

候選名單上的每個人其實都想上節目，所以會接到賴瑞‧金的電話，理論上都會盡量把握住機會，極力介紹自己的優點。

但是哈維‧麥凱採取了另一種策略！

他事前花了許多時間去瞭解 賴瑞‧金的近況：

他最近在忙些什麼？

他可能需要什麼幫忙？

打聽之下，哈維‧麥凱發現 賴瑞‧金有出書的計劃，而他剛好對出版界十分瞭解，也掌握了一些人脈資源 ，這成了他致勝的關鍵利器。

當賴瑞‧金打電話過來，哈維‧麥凱完全不提自己，卻在那短短五分鐘中，討論 賴瑞‧金的出版計劃。

猜一猜，最後誰贏得了上節目的機會？

當然是哈維‧麥凱。

而且他不只上了一次，前前後後還上了十多次。

了解對方的需求，滿足對方的需求，是哈維‧麥凱成功的關鍵！

許多年以前，我曾看過「玫琳凱化妝品公司」創辦人玫琳凱女士的演說影片，她說多年前，她開著一輛老舊汽車，到福特汽車的新車展示中心去，想買一部黑白相間顏色的新車。進了福特展示中心，業務員看她開著老舊的車子，以為她買不起新車，所以就瞧不起她，不當一回事。那時候是中午，業務員竟然說：他趕著跟別人有約，就自己先走了。

由於玫琳凱女士急著想買新車，所以想見業務經理，但經理剛好也不在，要下午一點才會回來。於是玫琳凱只好在等待的過程中到處逛逛，結果逛到對街 Mercury 的汽車展示中心。

該中心正展示一輛「黃色轎車」，儘管玫琳凱很喜歡，

但價錢卻遠超過她原本的預算。可是,那業務員的談吐十分誠懇,在閒聊時,玫琳凱透露想買車是因為當天是她的生日,想買部車來送給自己當「生日禮物」。

後來,業務員禮貌地說他有點事,請求告退一分鐘,隨即回來。

未料,十五分鐘之後,秘書小姐帶來「一打玫瑰花」,而那業務員就把整打玫瑰花送給玫琳凱女士,祝賀她「生日快樂」!

天啊,玫琳凱說,當時她真的「太訝異、太驚喜、太意外了」!不用說,玫琳凱後來買的就是這一台遠遠超過預算的 Mercury 黃色新車。因為,那聰明的業務員看到玫琳凱女士身上正訴說著無形的訊息──「我希望自己被重視!」

面對這樣的頂尖業務員,換成是我一樣也會下訂單購買。畢竟每一個人都希望「被重視」,而不喜歡被當透明人!同樣地,我們的家人、朋友、顧客其實也都很期待,期待我們「讓他感覺自己很重要」!

適時地採取行動吧!

2009 年,黃姓女子 8 月初在台中市北屯區陳平公園旁開車時,遭一名歹徒持刀恐嚇交出財物,嫌犯得手 1 萬元後騎腳踏車逃逸。被害人報案後,警方通報攔查嫌犯,但

都沒發現蹤影，派出所所長蔡宏澤對轄區發生威脅民眾生命財產案件非常重視，調出監視影帶發現歹徒年約五十多歲，身材瘦小，於是列印歹徒畫面，要求警員在公園及遊民出入地點尋查，每天還將偵辦進度向被害人說明。十幾天後終於逮獲嫌犯龍xx，依法送辦。

我想社會案件每天都在發生，從沒聽過一個派出所的所長，會每天向被害人報告進度，然後在最短的時間之內抓到歹徒。只因為所長將心比心，知道對轄區裡每一位老百姓生命財產的尊重，所以這件事情才會被新聞媒體播報出來，最終也贏得大家的掌聲！

待人處事的終極秘訣──發自內心，重視每個人。

★覺醒的心★

2009年我在中台禪寺普民精舍禪修班上課時，住持見達法師提到：「一般人做生意失敗都會記取教訓，但為何做人失敗卻不會？」

因為大家都認為自己永遠都是對的，沒有覺悟的心，沒有觀念怎麼會改。所以必須要有一個正確的標準，才能淨化自己。

而什麼才是正確的標準？

就是「善」與「惡」的價值判斷。

善，指的是「正面價值」，就是忠孝、仁愛、信義、和平、禮、義、廉、恥；而惡，指的就是一切「負面價值」。根據正確的標準，淨化自己的心，才能真正的覺悟。所以「覺性」才是生命真正的主人。

起心動念就是「態度」，如果我們的心是光明的，那麼我們積極主動的態度就會引發善良的行為。如果我們的心是負面的，那麼我們消極被動的態度就會帶來頹廢的行為。

二種態度勢必帶來完全不同的結果，而我們的人生也將會完全改觀。

多年以前，新聞報導了一對住在台灣的外國夫妻，在過馬路的時候，先生被一位騎機車的學生撞傷送進醫院，當肇事的學生和其母親不知該如何面對這起意外時，這位病危老外的太太竟然先握起學生媽媽的手，主動向肇事學生及其媽媽道歉，因為她認為其實是自己為了貪圖方便，沒有走斑馬線直接穿越馬路，才導致意外發生，所以錯的是他們自己，而不是騎機車的學生。這位外國太太的態度

真是值得我們敬佩，她沒有情緒失控的指責別人，反而先檢討自己，自己承擔先生的傷痛與責任，還主動先跟別人道歉。

而一樣在台灣，我們經常看到路上發生車禍時，雙方車主一下車就立刻指責對方的不是，甚至大打出手，最後鬧上法院。因為在他們的心中都只有自己，認為自己才是對的，錯的永遠是別人。

如果我們的心中能多一點同理心，多一些別人的感受，任何事情發生，先學會檢討自己，先學會說「對不起」，學會負起該負的責任，那麼我們就可以影響別人對我們的態度，人際關係也一定可以更圓融和諧！

我在前面曾提到王偉忠先生說過：「順著天賦做事，逆著個性做人。」每個人都有自己的個性，而個性都是有缺陷的。如果我們只順從自己的個性，把自己看得太大，就是讓個性、脾氣變成身上的刺去得罪別人，忽略了別人內心真正的感受。而逆著個性，就可以在挫折中反省檢討，調整自己個性中與別人格格不入的觀念思想，這樣才能融入群體，提高自己適應環境的能力，與人和諧相處。也只有這樣，才能增加人生中許多的機會，使事業取得成功，人生發展從容順利。

個性決定了我們一生的命運。

而此時態度就顯得非常重要了，因為我們可以透過覺醒的心來發現自己的天份——順著天賦做事，透過覺醒的心來修正個性上的缺陷——逆著個性做人。

★中台四箴行：「對上以敬，對下以慈；
　　對人以和，對事以真。」★

2009 年當我在精舍上禪修班時，看見上惟下覺大和尚為落實佛法生活化，開出的具體準則，中台四箴行「對上以敬，對下以慈；對人以和，對事以真。」時，深深覺得這四句話已經將做人處事的「態度」完整表達出來了，我們每天接觸的人、所有必須完成的事，其實都在這四個原則中。

1・「對上以敬」：

「上」，就是指父母、師長、在上位者、比我們優秀的人。「敬」就是恭敬，就是尊重。

年紀比我們大的人，歷練可能比我們多，看的世界比我們廣，懂些我們不懂的事。然而一般人通常都會有些傲

慢之心，因此言行舉止上，常常自以為是，目中無人，眼裡也只有比他更有成就、更高地位或賺更多錢的人的存在。

尊重他人，其實只跟你的誠意、心念有關，跟對方和你自己的地位與經濟狀況無關。所以如果可以對任何人都有恭敬之心，家庭就能夠和諧，社會也會比較安定，人與人之間就能減少很多的磨擦和不愉快。

《論語‧里仁篇》有云：「見賢思齊焉，見不賢而內自省也。」有恭敬之心的人，欣賞別人的成功會感動，然後起而效仿，因此他會看見自己的渺小，成長的速度也會變快。

2‧「對下以慈」：

「下」，即是指晚輩、一切需要幫助的人。「慈」，就是關愛、具慈悲心。

以關愛自己子女的心來照顧晚輩及一切需要幫助的人，就是慈悲心的具體表現。一個人擁有一顆想要幫助他人不再受苦的心，言行舉止一定會具有某種親和力，所以大家自然而然喜歡親近，人脈一定廣且深；所以才說：「愛人者，人恆愛之；敬人者，人恆敬之。」

相反的，沒有包容心、容易煩躁、生氣的人，會讓人

不敢接近，人際關係自然會變差。

3・「對人以和」：

「人」，一切所遇之人。「和」，就是和氣、和睦。

人都是平等的，不會因為家庭狀況、智慧高低、經濟條件等，而有差異。古人說：家「和」萬事興、「和」氣生財，都是強調「和」的重要。因此人與人之間相處本來就應該要和諧，彼此尊重，那做起事來，就容易順利圓滿。

相反的，因為每個人的觀點角度不同，如果一直堅持己見，只會以自己的價值觀強烈要求別人認同時，就容易產生爭執與摩擦，接著心一浮動，失去理智，就無法控制自己的情緒，事情處理也只會變得更複雜而難以成功。

尊重一個人的界線，就是尊重那個人，也是尊重自己。所以「和氣」絕對是做人處事不可忽視的關鍵。

4・「對事以真」：

「事」，即所有該負責的事情。「真」，就是真誠、用心及堅持的信念。

對於事情，我們應該要腳踏實地、認真負責，該做的事就要勇於承擔，將事做好，做到極致。每個人都希望出

人頭地，然而一般人為何很難成功，就是因為處理事情都只求表面功夫，缺乏用心，敷衍了事。

在家庭上「用心」，努力扮演好夫妻各自的角色及做好該分擔的責任，家庭就會幸福。在事業上「用心」，凡事將心比心，設身處地，解決顧客的問題，如此就能贏得客戶的忠誠度。

以上這些道理，大家心裡都清楚，但行為上要能夠做到，就不容易了，

只有透過不斷地檢討反省才能做到。

只要掌握「中台四箴行」──對上以敬、對下以慈、對人以和、對事以真。依據這四個原則去做人處事，相信這一生一定有所成就。

中台四箴行

對上以敬

對下以慈

對人以和

對事以真

四、詳細計畫，馬上行動！

「成功者」的思考模式就是
「達成目標」的思考模式！

—世界潛能大師│安東尼‧羅賓

沒有計畫，
夢想終究只是幻想！

　　我們所有的行動都是為了達成目的，所以一定要先想清楚目的是什麼？而不是一直埋頭苦幹，應該是要依計畫行動來達成目標。有一種方法可以使你的生活及工作計畫成功，並且保證能使你在預定時間內達成目標。秘訣就是：「從結束的地方開始！」

　　首先確定好你希望完成的目標，以及預定完成的時間——「終點」。從結束的日期開始，然後再寫出工作的每一個步驟一定要完成的日期，使最後工作能如期完成。這就是所有成功者擬訂計畫的方法。比如我想出書，就應該先思考我的書要賣給什麼樣的讀者？為什麼讀者會買我所出版的書？拍電視廣告，不只是要拍得有創意，最重要的是替廠商銷售好商品。

在行銷的世界裡，一切都是由消費者決定，而不是由賣方決定。所以行動之前，要先知道終點目標到底是什麼，如何才能達成目標？任何成功者都善於規劃他們自己的人生，他們一定會清楚地知道自己要達成哪些目標，擬訂好優先次序，然後讓自己可以一步步地按照計畫執行。

時間管理專家亞倫·拉凱恩曾說：「所有的計畫都應該先列出要做的事，再決定優先順序。」成功始於計畫，「沒有計畫，其實就是計劃失敗。」

你會計劃「失敗」嗎？

我相信不會，但一般人的確都沒有計畫，這不就是在計劃失敗嗎？

當我在寫這本書《改寫未來方程式》時，規定自己第一個月每天一定要寫三頁，第二跟第三個月因為行程很滿，每天至少要寫一頁半，為了達成計畫，有時候還必須蒐集非常多的資訊，平常外出邀約演講，每週還要上潛意識班、教練班、一對一諮詢，準備授課講義等等，即使非常忙碌，也只能每天逼自己找時間按照計畫前進，就算當天沒有完成需要做的事情，我也會想辦法在當週完成預計進度。

當你有了計畫再行動，行動起來會比較有效率，成功的機會自然就大幅度提升，沒有計畫，凡事想著明天再做就好，就容易拖延，失敗的機會相對非常高。所有的大成就都是由小成就累積而成，大目標也是由小目標逐步達成的。因此設定合理可達成的短期目標非常重要，讓期限時間逼我們採取行動。舉例：我常在台北開課但我住在台中，開始上課時間是早上十點，通常我會搭高鐵在九點半前到達台北車站，再走上十分鐘的路程到達上課地點，十點開始上課絕對沒問題。因為坐高鐵需要約一小時的時間，所以我必須一定要搭上八點半左右的班次，而從我家開車至高鐵附近停車場，停好車走進高鐵站又約需三十分鐘，有時候假日停車場爆滿，還得花更多時間找停車場，因此為了能準時到達開始上課，我一定會提早在七點四十五分出門，因此我七點就得起床準備。這中間只要任何一個環節拖延了時間，準時開課就會受到挑戰，但只要我作好準備，按照計畫，原則上都是順利的。

> 你可以擁有你想要的一切，
> 只是你必須從現在開始行動去創造它！

2001 年華人傑出歌手李恕權的一篇文章「想像五年後的你」，在網路上瘋狂盛傳高達兩千六百萬點閱人次，啟發無數人。後來，《想像五年後的你》一書正式出版，我也特別買了一本送給女兒鼓勵她好好面對未來，書裡有一段很精彩的詳細計畫與行動：

　　真實故事是李恕權十九歲時，在休士頓太空總署的大空梭實驗室裡工作，也在總署旁邊的休士頓大學主修電腦，音樂創作更是他最熱愛的。

　　有一天，他的好朋友凡內芮熱情地邀請他至牧場烤肉，突然間，她冒出了一句話：「Visualize What you are doing in 5 years？」（想像你五年後在做什麼？）

　　李恕權回答：「第一：五年後我希望能有一張很受歡迎的唱片在市場上發行，可以得到許多人的肯定。第二：我要住在一個有很多很多音樂的地方，能天天與一些世界一流的樂師一起工作。」

　　凡內芮接著說：「好，既然你確定了，我們就把這個目標倒算回來。」

　　「如果第五年，你要有一張唱片在市場上發行。」

　　「那麼你的第四年一定是要跟一家唱片公司簽上合約。」

「那麼你的第三年一定是要有一個完整的作品，可以拿給很多很多的唱片公司聽對不對？」

「那麼你的第二年，一定要有很棒的作品開始錄音了。」

「那麼你的第一年，就一定要把你所有要準備錄音的作品全部編曲，排練就位準備好。」

「那麼你的第六個月，就是要把那些沒有完成的作品修飾好，然後讓你自己可以逐一篩選」

「那麼你的第一個月就是要把目前這幾首曲子完工。」

「那麼你的第一個禮拜就是要先列出一整個清單，排出哪些曲子需要修改，哪些需要完工？」

「好了，我們現在不就已經知道你下個星期一要做什麼了嗎？」凡內芮笑笑地說。

李恕權遇到了一位好朋友凡內芮，設計了一套多麼完美又詳細的計畫，這計畫幫助了他，讓他對未來有了更明確的期限和具體規畫，進而能按部就班地達成目標、創造非凡成就。李恕權也因此榮獲「全美十大傑出青年」之殊榮，1992 年甚至榮登全美之「世界名人錄」。

如果你希望自己的態度更好，就要跟積極的人在一起，

因為當你看不清未來、遇到挫折的時候，看到他們如何規劃未來，如何面對困難，如何解決問題，你的態度、思想以及一輩子的命運都會被他們深深影響！

「清楚知道自己真正想要的是什麼，然後一步一步行動，在期限內完成」，成功者都是這樣實現他們的夢想。

行動與不行動，你都在勾勒自己的未來！

……想像五年後的你？

> 每一次面對逆境的時候，
> 人最容易想到的就是放棄，
> 這恰恰是平庸人的選擇。
>
> ——拿破崙‧希爾

在信用卡飽和的今日，居然有人連續二十五年，天天打敗零成交。2017 年我在商業週刊看到這則信用卡女王的故事時，內心的確敬佩不已，身為業務員的她，每天平均接觸一百名陌生客戶，但其中九十五人都拒絕了她，也就是說二十五年來，已經累計將近八十五萬人拒絕過她，想想看，這是一件多不容易的事啊！

這位信用卡女王就是中信銀信用卡推廣科行銷經理郭

麗華，二十五年來共銷售五萬五千張信用卡，創下至今無人能破的輝煌紀錄。

她的信念就是「要天天成交」。

她樂觀的態度告訴自己：「每天都有人剛滿二十歲，就可以辦卡了啊。」所以她不容許自己一天沒成交，於是只好要求自己大量行動，每一天至少都要成交三至五個新卡友。今天沒達標的數量，自動累積到隔天繼續完成，而業績還會是別人的三倍以上。

假如她把焦點放在每天拒絕她的那九十五人身上，或者她沒有每天一定要成交的信念，那麼她可能也只是一般信用卡推廣人員中的一個，沒什麼特殊。但頂尖人物就是不一樣，他們通常會為自己不斷地找尋更好的方法達成目標，也不為失敗找各種理由藉口。

堅定的信念與毅力，加上大量的行動，終於創造出不可思議的成就 。

你聽說過有哪一位拳擊冠軍，從來不曾被挨打過的？而且可能還被重重的挨打呢？或者，有哪一位足球明星，從來不曾被絆倒過？而且可能是狠狠的摔一跤？或者，有哪一位 NO. 1 SALES，從來沒吃過閉門羹？

經常失敗，就會知道哪些行動不會有結果，因此只要修正方法、縮小行動範圍，慢慢就會有績效出現。從失敗中，獲得寶貴的經驗，這才是最重要的。失敗是不可避免的、必須要有的，因為它是成功的一部分。

　　透過失敗，你才能邁向成功。

　　長距離游泳選手弗羅倫斯・查德威克，在她嘗試第一次橫渡英吉利海峽時，遭遇狂風巨浪。好在她為了達成這個目標，曾經在寒冷的大西洋接受訓練，不斷地為這歷史性的一刻作準備。這一天終於來臨了，她滿懷信心地躍入大海中，朝對岸英國的方向邁進，橫渡英吉利海峽約需耗時十幾個小時。剛開始時，天氣很好，但是隨著越來越接近英國對岸，海上起了濃霧，能見度只剩幾英呎，海水越來越冰冷，浪越來越高。

　　她的手跟腿也開始抽筋，而且越來越筋疲力盡了。

　　弗羅倫斯・查德威克處在茫茫大海中，完全不曉得自己到底還要游多遠才能上岸。最後她終於宣佈放棄了，她的所有努力都化為烏有了！

　　當救生艇將她救起時，她才發現只要再一百多公尺就到岸了。

所有的人都為她惋惜，距離成功就那麼近了。

她說：「我已經看不到我的目標，如果我知道距離目標只剩一百多公尺，我一定可以堅持到底完成目標的。」在面對挑戰的過程中，難免會產生是否能達到目標的自我懷疑，但成功者往往是那些能夠自我鼓舞，且堅持努力到底的人。

「太多人沒有去實踐他們的夢想，
因為他們去實踐恐懼。」

——萊斯‧布朗（美國著名勵志演說家）

「股神」華倫‧巴菲特（Warren Buffett）年輕時非常害怕公開演說，他一想到上台說話就很緊張。他在自傳《雪球》中曾說：「事實上，我一直刻意避免在眾人面前站起來說話。」直到他開始工作，決心克服公開演講的恐懼，於是報名參加卡內基訓練，才解除了心理障礙。

二十多年前，我沒有任何公眾演說經驗，當第一次到不動產仲介公司演講時，從演講主題、大綱、小故事，到結尾，我準備了很久的時間，但一上台腦筋瞬間空白，連自己都不知所云，更好笑的是時間已到，還沒講完，直到

被提醒二次，才匆匆結束。

那時候覺得蠻丟臉的，但是我並不灰心，而且告訴自己：「我一定可以克服的，別人可以，我也可以，只要我繼續練習做好準備。」經過不斷地對著鏡子練習，直到第十一場演講，我才克服了心理障礙。

接下來二十年間，我整整講了超過二千場演講。

阻礙你有所作為的最大的敵人，永遠是你心中的恐懼！

愛默生說：「去做你害怕的事情，恐懼一定會消失得無影無蹤。」當我們恐懼時，不妨想想 Nike 的口號：「Just Do It」！（只管去做）

> 失敗不是壞事！！
> 失敗教會我們如何成功，
> 失敗教會我們如何取勝，
> 失敗教會我們如何贏得天下！
>
> ——曹操

控制你的心，
為成功做好準備！

比賽在真正開始前，就已經開始了！

高爾夫球壇經典傳奇人物——「大白鯊」葛瑞‧諾曼（Greg Norman），他不論是在正式球場還是在練習場，他每次揮桿總是全神貫注。

別人問他平常是如何練習？

他說一開始先繞洞口周圍排一圈球，大概二十五顆，距離是兩呎，然後一一把球推進洞，一個都不能漏掉。

要是有任何一個球沒進，一切都得重頭再來。等他一口氣把二十五個兩呎推桿都推進洞，他就把距離拉大到三呎，最高到六呎。他不斷地練習，大量地練習，徹底分析與反省檢討，注意其他人忽略的小細節，如今他不僅被推崇為最成功的高爾夫選手之一，同時也是頂尖成功的企業家。

曾經有人問美國的高爾夫球名將蓋瑞‧布雷爾（Gary Player），如何才能像他的球技一樣高超？

　　他說：「我每天練習揮桿一千次，雙手流血，包紮完後繼續揮桿，如此持續三十年不曾間斷。」

蓋瑞‧布雷爾接著反問：「你願意付出每天起來揮桿一千次的代價嗎？重複一模一樣的動作？」

　　《老人與海》這本書，光是第一頁，海明威就寫了六十遍。

　　這些成功者之所以會有今日的成果，是因為他們比別人付出了更多的時間，抱著比別人更認真的態度，一直不斷地練習，大量地行動，試著找出其中成功的奧妙，將自己焠煉為頂尖高手。

　　認真思考一下，我們對於自己的目標，是否也是持著這樣執著的態度呢？

　　當我們為自己訂立了一個目標之後，是不是應該全力以赴地完成它呢？

　　為了要達到你的目標，你必須要問自己：「我願意付出什麼樣的代價來達成目標，為了讓自己成功，必須放棄哪些行為與習慣？」舉例來說，在台灣，一個想當醫生的人，

幾乎從小就得犧牲遊玩的時間來努力讀書，考試還得名列前茅，才能擠進少數醫學系名額，七年的高學雜費負擔，以及不斷地學習、考試、實習，畢業後還要從住院醫師慢慢養成到主治醫師。所以他必須付出相當大的代價才能成為醫生。

優秀的運動員、影視明星、政治領袖也是如此；要在商場中脫穎而出，一樣也要付出相當大的代價。可惜大多數人不願意付出這種代價，因為安於平凡、自由不受約束、追求保障，這種不算成功卻舒服的日子還是比較輕鬆。

然而要達成目標，就必須付出代價！！

為了保持健康，必須放棄抽菸、喝酒等等會傷害身體的習慣。

為了減肥，必須放棄大吃大喝或吃消夜的習慣。為了安全到家，必須放棄不良的開車行為。為了維繫人際關係，必須放棄不守時、沒有信用、不尊重別人的行為。為了達成業績，必須放棄消極被動的態度。為了實現夢想，必須放棄得過且過的心態。

問問自己：「為了美好的將來，我必須放棄什麼？」

當你能夠以這樣的思考模式來改變你的行動方案時，你就會隨時檢視你自己，是否朝著你的目標前進，是否走在正確的路上，有沒有在做浪費時間或是沒有生產力的事，

行動力和速度是不是夠快？

　　以長期的計畫來成就大目標，而大目標又是由小目標所累積而成，所以我們要定期評估各階段目標的合理性，萬一碰上太大壓力，深思熟慮後如果不合理就重新設定完成期限。不斷地做檢討、修正、行動，這樣達成目標的機會就會提高許多。

> 「大多數人經常高估一年可以做的事情，
> 　卻又低估十年內可完成的事。」

—金·洛恩，出自《野心的力量》

　　計畫可以讓原本的不可能變成可能，讓可能變成有希望，讓有希望變成一定可以。當成功者設定好目標，做好詳細計畫，就會馬上行動，然而，一般人最容易犯的問題就是拖延，會拖延的人不會馬上行動，他總是在尋找理由、藉口，譬如說：現在已經很累了，睡醒再做；現在時間還很多，後天放假就可以專心做；先看個電視、吃飽再做；沒必要現在做，明天再開始，我想瀏覽一下臉書、LINE 後才做；既然設定的目標還這麼遙遠，明天再開始吧。

接著明天過後又說明天，你無法控制自己一再拖延，最後目標一定無法如期完成。這些藉口的產生都是因為他思考的方向是未來，未來帶給他很多希望，但未來卻也意味著不確定性，未來並不意味著你還有許多時間，因為「無常」隨時存在。

　　「事實上，你不一定有未來，只有當下。」

　　暢銷書《深夜加油站遇見蘇格拉底》裡提到：「你現在在哪裡？」

　　「這裡。」

　　「現在是什麼時候？」

　　「當下。」

　　「你要做什麼事？」

　　「把握當下！」

　　因此你需要的是活在當下，馬上採取行動，不是等一下，不是明天，而是現在！

> 世界上只有二種人，一種會不斷妥協，
> 另一種是永不放棄。
>
> —拳王阿里

NAC（神經鏈調正術）裡面提到：人之所以會行動，是因為兩個原因：

（1）逃離痛苦

（2）追求快樂

這兩個原因裡面，你覺得哪一個影響力比較大？

答案是「逃離痛苦」絕對要比「追求快樂」的力量來得大。

因為一個人若不能化心動為行動，是因為他害怕失敗，害怕被拒絕，所以不敢行動。而他的問題是：如果不去行動，他的夢想恐怕只會是幻想！

如果一位業務員不去行動，不去拜訪顧客，他會有業績嗎？

肯定是不會的！

那為什麼還不去行動？

這是因為他內心的恐懼勝過了一切可以得到的快樂和成就感。

所以一個人不改變，代表還沒受夠痛苦，還可以忍耐，一定要等到他自己發現再不行動，危機即將來臨，才有主動去做的可能。行動會帶來信心，不行動只會帶來逃避，持續恐懼。

克服恐懼最好的辦法就是行動！

擺脫停滯不前最好的方法，就是「馬上行動」！

比如有些人破產之後會立刻站起來，而且後來還成為億萬富翁，為什麼呢？

因為他經歷過破產的痛苦，他知道這並不是他要的。他不想一輩子都在低谷、永遠沒有安全感、永遠沒有辦法經濟獨立，所以他決定採取行動，一定要成功。

許多事情應該先從最壞的地方開始想，先給自己痛苦，然後再想，如果現在馬上行動的話，這將帶給我多大的好處，帶給我多少快樂，帶給我多少財富，帶給我多少美好的人際關係，帶給我幸福美滿的家庭。

使我們痛苦的，必定能使我們強大！對自我負責，也就是對結果負責！不改變只會更痛苦，改變才是快樂的，好好運用逃離痛苦和追求快樂二股動力，從而強化自己的行動力。

五、駕馭潛意識，改寫未來

任何人都應該有權利
過著有意義的人生。

成功核心關鍵：
槓桿思考

> 只要找對關鍵，就能以最少的力氣，
> 快速達到最大的效用。

　　古希臘哲學家、物理學家阿基米德說過：「給我一個支點，我就能舉起地球。」無論你要實現夢想還是其他目標，都別忘了「借力使力」的槓桿原理，記得國中物理學裡的槓桿原理：

抗力 × 抗力臂 ＝ 施力 × 施力臂

　　我想每個人都有夢想，而且都希望早一點可以實現它。根據下圖槓桿平衡，假設你想要撐起你的夢想，即支點的左邊抗力，抗力臂是時間，支點的右邊是施力，只要你想

以更省力而且較快的速度實現它，你就必須好好研究施力臂。

如果你不知道施力臂受到哪些重要的關鍵因素影響，那鐵定只有更費力了。

為了縮短實現夢想的時間，這段施力臂（影響因素）應該是什麼？

經過二十年的研究，我把影響施力臂的因素細分成二種關鍵，其中一種是「基本關鍵」：包括豐富的人脈、優秀的能力、積極的態度、良好的時間管理、充沛的資金、行動與速度、克服困難的勇氣與毅力、各種成功的方法與技巧……

而市場上教大家如何成功、賺大錢、心想事成的書與課程非常多，都是作者與講師分享自己的經驗，雖然這些方法可以複製運用，也可能幫助大家提升成功的能力與機會。問題是，當大家使用這些共同的方法、做著同樣的事，

為何會產生不一樣的結果？

有人因此成功了、聲名大噪、飛黃騰達；但也有人卻是失敗而負債、沒沒無聞、貧苦一生。

為什麼結果會出現南轅北轍這麼大的差異呢？

假如專業、能力、態度、智商不是差異很大的話，那勢必還有某些無法理解的關鍵因素隱藏在其中影響著我們，我把這些因素統稱為「隱形的關鍵」。而這些看不見的的關鍵因素，就是決定我們一生所有成就的決定性關鍵。

人們通常把其中最重要的因素稱為「命運」，事實上，「隱形的關鍵」最重要的因素包含「命運」與「潛意識」。這個部份，在成功學領域幾乎是絕不討論的，但是根據自己二十多年來的研究，發現它才是真正決定性的關鍵。

若想要實現生命中的夢想、完成人生的功成名就，必須同時具備「基本關鍵」與「隱形的關鍵」二項因素，就好像精子與卵子，必須結合才能孕育出新生命。而我們想要的成功致富，事實上是無法只由自身的努力單一因素而完成的，另外還需要絕佳機會點、貴人相助、好的婚姻、孝順的子女、良好的職業環境等相關條件。

命運真的
存在嗎？

> 這世間沒有意外，一切都是因緣巧合。
>
> ——釋迦牟尼佛

子曰：「不知命，無以為君子。」

子夏曰：「商聞之矣，死生有命，富貴在天。」（出自《論語‧顏淵篇》）

「凡事都有定期，天下萬物都有定時。生有時，死有時，栽種有時，拔出所栽種的也有時，殺戮有時，醫治有時，拆毀有時，建造有時……。」（出自《聖經傳道書》第三章）

古今中外，許多有智慧的宗教哲學家幾乎都肯定命運的存在，而改造命運的前提是以相信命運為基礎的。只有先知道命運的原理以後，才能進一步改造命運。

清乾隆皇帝時期，除夕夜當晚，有位翰林學士在御書

房值班，正埋首讀書，忽見一位身穿便衣英姿煥發的要員進來，這個人看到他苦讀的模樣，心生憐恤地問：「為什麼沒有回鄉過年？」學士直言：「因為經濟情況窘迫，沒有多餘的盤纏回故鄉，御書房剛好也需要有人值班，乾脆就留下來讀書好了。」

但多話的學士又說：「算命的說，我明年運氣一定會變好，而且好到連紫微星都壓不住。」這位要員一聽，心中一驚，就向學士問了姓名，然後離開御書房。

這位要員其實正是人間的紫微星——當今皇帝。

皇帝心想：「連紫微星都壓不住？我倒要壓壓看，看我壓不壓得住！」回到皇宮就用筆寫下那位學士的名字，壓在硯台底下！

過了幾個月，有一巡撫出缺，吏部呈上數人名單由皇帝親自挑選批准，但皇帝遲遲未批。承辦的吏部官員就請管事的太監去打聽皇帝不批的原因。太監來到皇帝的書桌前，看到有一張皇帝親筆寫下的人字條壓在硯台下，就記下姓名，告訴承辦人：「皇帝恐怕心中屬意此人！」

承辦人員欣喜如狂，回去重簽承上。又隔了幾個月，日理萬機的皇帝早就將除夕夜的事全忘了，看到所簽之人的出身是翰林學士應該很恰當，沒多想就直接准奏。當外

放之前，這位翰林學士需晉見皇帝，跪拜起身抬頭一望，兩人都嚇了一跳，連皇帝都不禁感嘆：「真的連紫微星都壓不住。」

古訓《增廣賢文》有云：「命中有時終須有，命中無時莫強求。」人世間許多事都是命運的安排，並不是由人去爭取強求就一定能得到的。

淨空法師在香港時，有「富豪御用風水師」之稱的陳伯曾告訴他，年輕的時候跟李嘉誠先生認識的源由。由於陳伯相命風水技術非常高明，李嘉誠先生還沒發達之前曾找他指點迷津，他就問李嘉誠先生：「你希望將來有多少財富你就滿足？」

李嘉誠告訴他：「我能夠有 3 千萬港幣，我就很滿足了。」

陳伯對李嘉誠說：「你命裡頭財庫很大，不止三千萬，你將來還是香港首富。」後來陳伯算的都應驗了，而他也變成了李嘉誠的顧問。

《淨空法語》裡也提醒大家：「命裡頭有財庫，無論你經營什麼事業，你都發財；命裡頭沒有財富，你跟他經營一樣的事業，你會賠本。世間人不懂這個道理，認為這

是迷信；我們瞭解，知道這是事實真相。」

1992 年，那年我 25 歲，在即將從軍中退伍的前半年，因為好奇，也為了對未來前途的確定，我找了中醫系同學陪同，前往知名香港鐵板神數大師算命，進入位於台北市窗明几淨的辦公室，只見辦公桌上擺了幾十本書，簡單報了生辰八字，大師即開始在算盤上撥弄，然後叫我翻開第幾本第幾頁，看看條文符不符合現況，約莫過了十分鐘，他吩咐我打開的條文，每一條都符合現在的六親狀況，比如父屬兔，哪一年出生；母屬兔，哪一年出生；父母雙全，人子之福。弟屬 X，哪一年出生；兄弟二人。姐屬 X，哪一年出生；姐屬 X，哪一年出生……

我當下目瞪口呆，家人不多不少剛剛好幾位，而且哪一年出生全部都對，因為當時人在軍中，個人資料很難外洩，現場只給了生辰八字，他不可能立刻徵信到我家庭每一個成員的詳細資料！

六親考刻竟然完全正確。

然後在命書上，明確地指出我的個性、婚姻、該注意事項、健康、流年。已知的部份都非常準確，甚至於我醫學院畢業未告知他，命書裡竟有一條：

「一字記之曰醫　大塊文章」。

其中健康部份寫著：

「謹慎心血　其病在肺」

　　到了 1996 年，我 29 歲，有一天在公司因為身體嚴重不舒服被送進台安醫院，醫生量完血壓 190/120，很驚訝地告訴我得了高血壓，「謹慎心血」這一條似乎應驗了。接著，2009 年，我又因為心律不整住院，意外地發現右肺有四顆腫瘤，「其病在肺」又應驗了！流年部分，從 16 歲至 28 歲很準確，但 29 歲開始卻完全失靈不準了！

　　那一次的算命讓我大開眼界，開始相信生命似乎是有軌跡的，未來似乎已經存在，但卻也不知 29 歲以後的命運為何不一樣了？

　　2003 年寺院道濟禪師一字一字用我的姓名寫了一篇偈文送我，要我好好領悟。

柯受天命祖德蔭
迎接元靈炁脈耀
華光霞彩瑞祂門
用禪玄法拱竅楣
心身性靈玄櫺牖
信仰彌止昌五世
奉行不渝正仙民

當下實在不懂此文其意，只好先保存下來。

那時候的我只是學了許多提升自我、行銷、推銷、服務、潛能激發、提升業績、經營管理的方法。

六年後，時間來到 2009 年，我因為肺部腫瘤而放下所有工作，進精舍學習禪修，也開始大量研究身心靈方面的書。直到最近，某天凌晨睡夢中突然有所領悟驚醒，發現若將禪修所學到的心得加入過去擅長的諸多方法，再結合身心靈所悟出的心得融會貫通，應可以幫助人們改變命運、脫胎換骨、成功致富、實現夢想。內容則涵蓋了成功學、神經醫學、量子物理、生命科學、潛意識、心智科學、生命規劃。我於是開始動手整理這龐大的資訊，終於開發出一套可以幫助許多人的課程，內心充滿喜悅。

從沒想到 12 年後，真的開始演講授課，也得到許多迴響，回頭翻閱道濟禪師所贈之文，終於領悟：

用禪玄法拱竅楣
心身性靈玄櫺牖

二句話其意早已告知我，可以朝此方向整合來幫助更多人。這一段神奇的經歷似乎又再度提醒了我：「生命是

有軌跡的！」但如果命運軌跡已經確定而不能修改，人似乎也不用那麼努力了，人生就沒有任何驚喜值得期待，沒有任何困境需要突破。

那麼生命的目的與意義又是什麼？

命運軌跡可不可能改變？要如何做才能改變？

也都引起了我的好奇心與研究興趣。

命運的軌跡
可以改變嗎？

這些年來，我大量地研究這方面的資訊，其中幾篇帶給了我很大的省思。

《了凡四訓》這本書，是明朝袁了凡先生所作的家訓，以他自己改造命運的經驗來提醒他的兒子袁天啟，認識命運的真相，改過遷善、行善積德。

袁了凡年少時，在一個偶然的機會下認識了一位仙風道骨的高人孔先生，他精通命理，孔先生幫袁了凡推算終生的吉凶禍福，他說：哪一年考取第幾名，哪一年應當補廩生，哪一年應當做貢生，等到貢生出貢後，在某一年，應當選為某省的一個縣長，在做縣長的任上三年半後，便該辭職回家鄉。到了五十三歲那年八月十四日的丑時，就

應該壽終正寢，可惜你命中沒有兒子。

袁了凡把孔先生的話一一記錄下來，就這樣又開始繼續讀書了。從此以後，凡是碰到考試，所考名次先後，都跟孔先生預先所算定的名次一樣。

有一次，按照孔先生推算的做廩生所應領的米，應該領到九十一石五斗的時候才能出貢。但領到七十一石米的時候，學台屠宗師（學台相當於現在的教育廳長）就批准他補了貢生。袁了凡私下開始懷疑孔先生所推算的是否有些不靈了。

後來這事果然被另外一位代理的學台楊宗師駁回，不准他補貢生。直到丁卯年，才准許他補了貢生，經過這番的波折，又多吃了一段時間的廩米，算起來連前所吃的七十一石，剛好是九十一石五斗。袁了凡因為這些驗證，就更相信：「一個人的進退功名浮沉，似乎都是命中註定。」

走運的遲或早，相信也都有一定的時候，所以一切都看得很淡，不去追求了。

直到在南京棲霞山遇見得道高僧雲谷禪師，使他的人生產生很大的轉變。

他和雲谷禪師靜坐默坐了三天三夜，雲谷禪師讚嘆地問

他：「你靜坐了三日，沒有起一絲妄念，真是不容易啊！」

袁了凡老實告訴他：「我的命都被孔先生算定了，何時生，何時死，何時得意，何時失意，都有個定數，沒有辦法改變。就算要胡思亂想得到甚麼好處，好像也是不可能的；所以就乾脆不想了，心裡也就沒有甚麼妄想念頭了。」

沒想到雲谷禪師笑著說：「我本來認為你是一個了不起的人物，哪裡知道，原來你也只是一個庸庸碌碌的凡夫俗子。」

袁了凡幾十年來心如止水的心境，這時忽然有了一股疑惑！

雲谷禪師對袁了凡說，一個平常人，的確是會胡思亂想；既然有這一顆一刻不停的妄心在，那一定會被陰陽氣數束縛了；既然會被陰陽氣數束縛，怎麼可說沒有數呢？

雖說數一定有，但是也只有平常人，才會被數所束縛住。

你二十年來的命都被孔先生算定了，不曾把數轉動一分一毫，反而被數把你給控制了。

一個人會被數束縛住，就是凡夫！

又說「積善之家，必有餘慶。」其實命是可以自己更改的。如果你從今以後躬自內省，長養德行，力行善事，

那數就管不住你了。

雲谷禪師的一席話點醒了袁了凡，於是他在佛前懺悔，發願做三千件善事，每日以功過格詳加紀錄，並持誦準提咒。

自從袁了凡明瞭立命的道理，就不再和一般凡夫一樣隨波逐流，時時刻刻起善心做善事，自己感覺到生命和以前大不相同了。如此過了二年，他去參加科舉，原本孔先生算他是考第三名的，結果卻考了第一名，孔先生沒算他會考中舉人，結果竟然考中了舉人。孔先生算的命已經不準了。

從此袁了凡更加精進，在行善的量和品質上繼續提昇。

孔先生原本算他命中無子，最後也生了一子。

原本算他壽命只有 53 歲，後來，袁了凡活了 74 歲，比他原本命定的多了二十年餘，子孫科舉順利，世代昌盛。

《了凡四訓》的故事說明了：一個人的命運是存在的，因為它乃是一連串緣生緣滅的過程，每次的緣起皆是自己創造而成，命運也的確可以改變，而且掌握在自己手中！

聖嚴法師在《歡喜看生死》中，曾說過自己算過二次命，第一次算命時還不到 30 歲，當時還在軍中當兵，身體不太好，前途茫茫，命理師預言：「他有出家命，將來還會

是個有影響力的法師，不過，大概只能活到 65 歲」；第二次算命，則是和幾位朋友一起看手相，但命相師仔細看了很久，說聖嚴法師的掌紋很奇怪，也預言他應活不過 60 歲。

還有一位居士為法師排命盤，也說他只能活到六十多歲。聖嚴法師說，相由心生，算命師講的「過去式」總是比較準，因為過去的福報或業障，於再次投胎時其實已大勢底定。但知命卻可造命，人的生命基礎、一生的過程，雖然大致在出生時已經決定，但人的未來仍是掌握在自己手中，可以經由努力加以改造。

每個人來世上都帶了使命及學習課題，人的一生就是為實現投胎前的規畫而來。

文中命理師預言：「師父有出家命，將來會是個有影響力的法師」。

這二句話的確驗證了命運的存在。

「只能活到六十五歲」，這句話卻失準了。聖嚴法師活到 80 歲，他的命運軌跡不一樣了。

> 這個世界，所有一點一滴皆是有因有果的，沒有任何一件事情不是從因當中努力得來的。如果能從因當中去努力，只問耕耘不問收穫，就能改變自己的命運，不但好的會更好，壞的也會變成好的。

——上惟下覺 大和尚

宇宙運行的法則：「因果法則」。有因就有果，你種下的種子是一個「因」，未來必形成一個「果」。「種瓜得瓜，種豆得豆」就是因果；「種瓜想得豆，種豆想得瓜」這違反了因果法則，是不可能有這樣的結果。而因果法則卻是推動命運作的基礎，想要改變「果」，就得先改變「因」。

《跨越前世今生：陳勝英醫師的催眠研究報告》一書中也介紹了許多精彩案例，其中一例，透過催眠找到因果並化解未來將發生的車禍。

故事發生在 1996 年 6 月，一位女性 A 在催眠中看到自己將在 1997 年 2 月 25 日發生嚴重車禍。A 女很清楚地看到車禍現場，原來自己為了閃避右邊的摩托車，緊急左彎而被巴士撞翻再追撞上前面的車子。

陳勝英醫師要她注意一下那個摩托車騎士 B，去了解那個人的身分。

她說那是一名年輕人，大約二十多歲，不像是故意的。接著她再進入前世記憶裡去搜尋，看看自己是否跟這名年輕人 B 結過怨。

　　後來她看到他們 AB 二人在同一個官署中當差，有一次因自己的疏忽，致使兩人都被處罰，各挨二十大板，無辜被處罰的另一人，就是製造車禍的摩托車騎士 B。

　　A 女要求陳醫師幫助她把車禍化解掉。

　　但陳醫師回答，我沒有辦法化解妳的因果命運，一切都是妳自己安排或造成的，只有妳自己有能力去化解。於是陳醫師要求 A 女在催眠中運用超意識的能力與智慧努力尋求和平解決。

　　第三次催眠，車禍變不見了。

　　1997 年 3 月，陳醫師打電話追蹤，A 女說在 2 月 25 號那一天，她真的差點出了車禍，如同催眠中看到的一樣，為了閃避摩托車，自己往左急轉，他本能地去查看有無一輛巴士在旁邊，的確看到一輛類似催眠中看到的巴士，只是這一次幸好有一輛小自貨車和計程車開在她的左後方，這兩輛車擋在那輛巴士前面，所以她並沒有造成什麼交通事故。

　　在這個案例中，A 女說在催眠中陳醫師告訴她應該去做的事，她都照做了，這些努力使她將災難化於無形，全因

自助、人助、天助。

很明顯的，故事透露出「未來」的確存在，而且命運是可以改造的。

書中還有一例前世今生更是非常巧合、精準：「有一個婦人辛苦工作了十多年，結果卻被另外一個女人奪走。她奪走的包括他的丈夫、孩子，以及努力存的錢。於是她好奇地前去催眠找尋答案，在催眠中她看到自己的身份是王爺，身材臃腫，脾氣很壞，正在招待賓客，很多人服侍他。

前世他身旁有位辦事勤奮的師爺，那天他帶了太太前來赴宴。王爺久聞師爺老婆的美貌，竟然當場霸佔了她。這位師爺當下羞憤難當自殺了。

師爺美麗的太太變成了她今世的丈夫，而自殺的師爺就是今世奪走她一切的壞女人。」

我相信一個人只要有機會經歷這種心靈與事實的衝擊，都能開啟潛意識智慧，找到最好的解決方法，這些故事似乎清楚地說明了，先前的每一個行為，都會跟以後的每一項遭遇有關連。命運裡存在著因果，只要做出最適合你生命的正確選擇，未來的命運就會不一樣了！

2014 年，上海教育電視台「特別傳真」的視頻報導「湖南發現一百多人輪迴轉世」的案例。

指在湖南省懷化市通道縣坪陽鄉，整個坪陽鄉有七千多人，就有一百一十多名「再生人」，所謂「再生人」指的是歷經投胎轉世後，還能清楚回想起前世經歷的人，包括前世姓名、住在什麼地方、做過什麼事、家人是誰、如何死亡、如何投胎，（經查證一百多人集體說謊編故事的機會不容易，還要栩栩如生，可信度非常高）對他們來說前世彷彿昨日，歷歷在目。甚至有人找到前世下葬地點，或是找到前世親人再續前緣。

所以我們當可了解靈魂並不會隨肉體死去消失，而是可以透過轉世重返人間體驗人生。靈魂的成長舞台就在現實的物質世界，透過因果業力與自由意願投胎到人世間，藉由生命的體驗來不斷學習、醒悟與成長，這也就是生命的目的與意義。

這麼多的案例都在提醒我們，命運雖然是錯綜複雜又神祕難以分析，但確實是存在的，且每個人都可以是自己命運的主宰。

生命輪迴因果的種種現象會存在潛意識，而以令人意想不到的方式呈現在生命裡，我們的痛苦煩惱都其來有自，我

們往往認為只有「今生」存在，所以容易產生抱怨、逃避、憤世嫉俗。如果我們可以看到生命事實上是可以繼續延伸至「前世」跟「來生」，那麼我們的心就不會充滿仇恨、不滿，而能豁然開朗，也比較能用更寬廣的角度來看待自己的生命。

這一世，我們在人生路上所遭遇到的，不論喜怒哀樂、悲歡離合，我相信那都不是偶然的，其實都各有其因緣。今世的相逢，是給我們機會去學習、改變，所以我們應該要尊重、珍惜每一件事情的存在意義。當你站在相對夠高的格局，就能透過覺知、智慧與愛，來接受、臣服，軌跡不能改變的那部分，進而改造未來的命運。

量子物理學家也發現，在無形的能量場裡，電子在你不觀察它時，它是看不到實體的能量波，只有在你集中注意力觀察它時，才變成看得到的實體粒子。也就是說我們眼前每分每秒所看見的現實世界，其實都是由你每分每秒的瞬間念頭所創造而成的，意識創造了物質世界。

「心」創造了「實相」！

而在真實世界裡，我們體驗的時間是線性的，唯一真實存在的也就只有「當下」這一瞬間，只有「現在改變」才是決定未來命運的關鍵。

找回生命的
主控權

英國前首相 柴契爾夫人曾說：「注意你的思想，它們會變為言語。注意你的言語，它們會變為行動。注意你的行動，它們會變為習慣。注意你的習慣，它們會變為性格。注意你的性格，它會變為你的命運。」

為了找回生命的主控權，我仔細研究影響命運（結果）最重要的關鍵因素，如下圖：

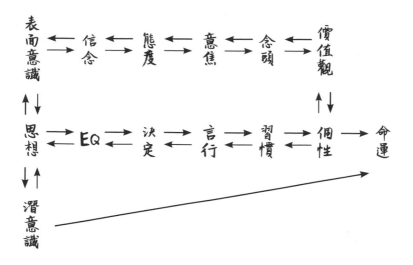

　　任何歷史戰爭、科學發現、個人和組織成就、都開始
於一個念頭，我們的每一個念頭，決定了我們將採取的行
動；而我們的每一個行動與抉擇，其實都在訴說著：

　　我們是誰？

　　我們要如何活在這個世界？

　　生命的意義是什麼？

　　一切的成就和財富，都開始於一個意念！

　　一個出生在美國南方密西西比州貧民窟的黑人私生子，
9歲遭到強暴，13歲離家出走，14歲懷孕成為問題少女，

但經過二十多年的努力，她打造了讓世界驚歎又震撼的媒體帝國，成為美國最受歡迎的脫口秀節目主持人，世人公認的媒體女王——歐普拉，也是世界最富有的黑人女性。她充滿坎坷的人生，詮釋了一個生命的苦難和喜悅，困頓和成功。

她說：「我認為自己是這樣的一個人：從小我就知道，我要對自己負責，我必須成功。」當她第一次看到有色人種黛安娜・羅絲（Diana Ross，第一個獲得奧斯卡提名的黑人女歌手），可以帶著真正的鑽石項鍊，她下定決心一定要成為像她那樣的人。

誠如汽車大王亨利福特（Henry Ford）所言：「不論你認為你行，還是不行，你都是對的。」

歐普拉也說過：「別人能做到的事情，我也能做到！」

強烈的信念造就了她不平凡的生命。

任何事情沒有一定的定義，除非你給它下定義！

身體動手術一定很痛，卻也是另一個痛苦的解除。旅遊時遇到下大雨，會令人喪失興致，但也可以是另一番風景。

坐雲宵飛車可以很恐怖，也可以是好玩又刺激。老闆交

辦困難的任務，可以是找你麻煩，也可以是增加你人生歷練的機會。

人生可以是美好的，也可以是辛苦的，全在你的一念之間。

> 你在下決定的剎那間就塑造了自己的命運。
>
> ——安東尼·羅賓（世界潛能大師）

有個人在情緒不穩的情況下決定借酒澆愁，他發現喝酒可以帶給他短暫的快樂，於是喝酒就成了習慣，久而久之，每當他不想面對現實時就想到喝酒，當不能喝酒時內心就會更痛苦而失去理性，生活與事業逐漸受到影響。

逃避跟喝酒形成他個性上極大的缺點，逃避只會帶來拖延、惡化，喝酒更帶給他酒精中毒、肝硬化的危機，最終也只能庸庸碌碌過一生。

我們常在路上看到某輛車子蛇行與闖紅燈，完全不顧別人的安全，仔細觀察，往往可以發現這位駕駛會不斷地繼續蛇行與闖紅燈，他誤以為自己技術高超，永遠都會平安無事，事實上，他的習慣即將帶給他車禍的可能，更造成別人生命安全的威脅，殊不知只要一次不小心出了事，

他的命運就會跌入谷底了。

美國曾經報導了一則新聞，有兩輛車在路上有了擦撞，兩位司機下車理論，一言不合就打了起來。這二位司機，其中一位是一般老百姓，另一位是知名的空手道冠軍。其中一人鼻樑被擊，受傷倒地了。

大家猜猜是哪一位被打倒了呢？

理論上一定是一般老百姓挨打才對！

但是當警察趕來的時候，發現倒在地上的人竟然是當地著名的空手道冠軍。

報紙分析空手道冠軍會輸的原因是：空手道有一個規則，「就是不打對方頭部，也不打對方腰部以下。」而沒受過訓練的一般人，打架就打架，才不會管那麼多，直接一拳就打在空手道冠軍的鼻樑上，空手道冠軍因為有不可以打對方頭部的習慣，因此就不敵倒地。

習慣影響了結果！

改變思想，就能改變結果！

1968 年墨西哥夏季奧運，一位默默無名的田徑運動員迪克 · 福斯貝里，採用背越式跳高，助跑到最高速度時從

外側腳起跳，在空中旋轉身體，頭部和背部先過橫杆。當時，跳高運動員都朝向欄杆從內側腳起跳，再側轉外側腳，橫過標杆。當時福斯貝里凌空創造了二百二十四公分的世界紀錄奪冠，他能夠跳得比以前的人高，正是因為他的想法跟別人不同，拋開過去一切前例，打破了思考慣性，終於獲得史無前例的成功。

三國時期，關羽無疑是一個英雄人物，義薄雲天，過五關斬六將，性格堅毅等。劉備入西川後授命關羽鎮守兵家必爭之地荊州，但關羽驕傲自大，關鍵時刻不能貫徹、執行諸葛亮所制定的聯吳抗曹的戰略方針，孫權則一直想拉攏關羽作為自己的後援，結成吳蜀聯盟，於是便派遣諸葛瑾為其子求娶關羽之女，而關羽自負驕傲卻怒罵說：「虎女焉能配犬子」，使孫權十分惱怒。破壞了吳蜀聯盟，也使自己陷入了曹操、孫權兩軍夾擊之中，大意失荊州，最終被東吳呂蒙所殺，他目中無人的個性害死了自己，也間接導致蜀漢的滅亡。

> 無論你怎樣地表示憤怒，
> 都不要做出任何無法挽回的事來。
>
> ——培根

關雲長死後，劉備與張飛極度悲傷，想起桃園三結義誓言：「不求同年同月同日生，但求同年同月同日死。」張飛報仇心切，要求屬下於三日內製好白旗白甲，三軍掛孝伐吳，因時間太急迫做不出來，部屬范彊、張達各被處罰鞭打五十下。隨後張飛仍然要求他們：「期限內一定要準備好，要是沒有準備好，我就殺了你們！」二人被鞭打完回到營中商議說：「與其等他來殺我，不如我們先殺了他。」

　　當晚二人割了張飛首級，連夜投奔東吳去了。

　　同樣地，張飛愛喝酒、有勇無謀、EQ 太差的個性，也斷送了自己的生命。

　　關羽和張飛相繼被殺，劉備因此氣急敗壞，不聽諸葛亮的勸說，執意起兵報仇攻打東吳，卻遭東吳大都督陸遜用計，一把火燒了其七十五萬大軍，最後病死於白帝城。劉備的長處是善於用人、三顧茅廬，所以才能得到諸葛亮的輔佐形成三國鼎立。

　　然而其才疏學淺、感情用事、易失去理性的個性以及太注重義氣的價值觀，終究毀了他及蜀漢的命運。由此可知命運其實就是一種選擇，選擇哪一種生命歷程，取決於當事人的個性及價值觀。所以調整自己價值觀的先後次序和修正個性上的缺陷，隨時看見自己的心，正是改變命運

的關鍵之一。

　　而性格是一種人格特質，以靈魂不斷輪迴的觀點，絕大部分的因素其實是過去世帶過來的，也就是一出生就帶著自己的性格來投胎轉世。

成功的人生開始於覺醒！

　　有一個年輕人染上酗酒的習慣，家人實在不勝其擾，於是帶他前往催眠探個究竟，在催眠中他看見自己常常釀好酒隨即有人來買走，有時候，酒沒賣完，他就邀請一些朋友來喝光，久而久之，喝酒變成他每天的休閒娛樂。而這一個習慣，竟變成他累世喝酒的模式。在另一世裡，他看到自己是一名工人，那時候他生命中唯一消愁解悶的活動，也是喝一種自己釀造出來的酒。

　　接下來，他又投胎，這一世他還是一個工人，每天收工後，就在窄小街道的小攤上喝酒，有時也買回工廠裡喝。他的潛意識很清楚的告訴我們，他是酒的創造者及供應者，在心理上，他覺得應該供應酒，而且鼓勵別人及自己喝酒；他已把這件事當做自己每天必須做的事。

　　很明顯的，他酗酒的習慣已成為他性格的一部份，假

如他可以覺醒，不再繼續喝酒，那麼他未來的命運就可以改變了。

性格跟我們的生活有著密切的關係，每一世我們會遇到的人，遇到什麼樣的困難，開創什麼樣的遠景，都取決於我們性格的選擇與決定的結果，最後形成未來因果連帶關係。

如果，你滿意目前的一切，那就繼續目前的一切思、言、行；如果不滿意，請思考後再重新選擇。不同的選擇，將會導致不同的結果。我們所有的心念、言語、行為，都具有創造性，必然會在將來的某一天，不管好壞、善惡都會回到自己的身上，因為生命是永恆的。然而命運亦代表著現實社會裡的結果，當結果不理想時，一定有我們疏忽的關鍵因素，這也就是為什麼我們要透過結果來研究過程，並且不斷地修正所有可能犯錯的因子，成功則一定會到來！

前面提到，影響你實現夢想的施力臂關鍵因素，除了資金、人脈、能力、態度、速度等「基本關鍵」外還有命運、潛意識等「隱形關鍵」。而命運是極其複雜的巧妙安排，或許我們無法準確得知，但我們仍然可以運用意識的選擇與駕馭潛意識來改變軌跡，讓生命更美好。

接著讓我們再來深入探討前面成功致富方程式：

也許你已經非常努力地運用四種方法提升能力，但行動後效果卻還是不理想。

我們可能就要懷疑（除了命運軌跡的安排），是不是自己所學的資訊只停留在「意識」，根本沒進入「潛意識」。

什麼是「潛意識」呢？

奧地利精神分析學家佛洛伊德將心靈比喻為一座冰山，在海平面上可見的冰山代表意識，海平面以下深不見底的部分則為潛意識。

意識是經過思考邏輯推理的，我們經由意識判斷來選擇。例如晚上要去哪家餐廳吃飯，中式還是西式？可以決定走路還是開車？或在旅途中由意識理性地分析出一條較快到達目的地的路。

而潛意識則是不經過推理判斷的自動駕駛，它直接跳過意識支配行為，且速度非常快，你幾乎察覺不到！當你夜晚入睡時，你的心跳、血液循環、白血球仍負責保護我們的身體，抵抗細菌等外敵的侵入、身體的生長、食物的消化程序和腺體激素的分泌、牙齒及骨骼發育等所有生理複雜機能的發展都被潛意識日以繼夜控制著。

《詩篇》一百三十九篇十三至十六節也說：「我的肺腑是你所造的；我在母腹中，你已覆庇我。我要稱謝你，因我受造，奇妙可畏；你的作為奇妙，這是我心深知道的。我在暗中受造，在地的深處被聯絡；那時，我的形體並不向你隱藏。我未成形的體質，你的眼早已看見了；你所定的日子，我尚未度一日，你都寫在你的冊上了。」

　　「冊」就是潛意識。

　　《聖經箴言》四章二十三節：「你要保守你心，勝過保守一切，因為一生的果效是由心發出。」

　　成功學大師博恩‧崔西提到：「潛意識的力量是意識的三萬倍！」美國心理學之父威廉‧詹姆斯也說：「推動世界的力量就在你的潛意識之中。」

　　潛意識心理學權威墨菲博士曾說過一個故事：

　　一位年輕人，父母雙亡，為了養活自己，他到醫院當清潔人員。久而久之，他發現醫術高明的醫生可以救活很多人，又可以得到別人的尊重，於是他的夢想是成為一個優秀的醫生。但是以他目前的狀況實在是不可能的，他的工作之一是要把掛在醫師診間牆上的加框證書，擦拭乾淨、玻璃擦亮，

而他每次都會邊擦邊仔細看那些證書。

到了晚上，年輕人每天上床睡覺時，都會想像一張醫學院的畢業證書，上面寫著他的名字，另一個畫面是想像自己穿著白色醫師服，為病人動手術的情景。他每天不斷地進行這種視覺化技巧，持續了四個月之後，診間的一位醫師突然問他有沒有興趣成為醫生的助手。

詳談之後，那位醫生被他上進之心感動，願意先付錢讓他去上訓練課程，學習各種醫療技巧，然後再聘請他當助手。

最後醫生甚至贊助他上醫學院唸書。

這個年輕人運用潛意識實現了自己的夢想，也改變了他自己的一生。

再舉個例子，熟練騎自行車後，我們無意識地就會知道如何在道路上維持身體的平衡，當開車新手慢慢熟練以後，你的意識想著待會兒你要進行的事，潛意識則盡忠職守地操作一切讓你得以順利在市區行駛所需的繁複技巧，如轉彎時並不需經意識判斷，便會機械化地煞車、打方向燈；這都是因為潛意識把意識重複的命令，轉化成習慣了。

剛開始學習複雜的行為時，是需要意識與潛意識攜手

合作，一旦學習完成，就可以完全由潛意識接手了。

前面提到，即使我們非常努力的閱讀、上課，但效果可能還是不明顯，最主要的原因之一，可能是因為我們所學習到的資訊，都只停留在意識的層次，由於練習的用心程度與次數不夠，完全沒有進入到潛意識。於是就誤以為自己「知道」等於可以「做到」，等到實際行動後，我們就會發現距離熟練似乎還遠得很。

從神經學的角度來看，剛開始某種行為只會在神經細胞中留下印象，接著透過不斷地的練習，也才形成細細的一條神經絲，很脆弱隨時會斷，只有繼續大量有效的練習，才能形成較粗大的神經鏈，進入潛意識，這時候就比較不容易忘記了！

1949 年，加拿大蒙特婁大學神經學家唐諾‧海伯（Donald Hebb）提出「海伯定律」，說明記憶是同步發射的神經迴路，同步發射的神經元會串連在一起（neurons that fire together wire together），而且連續不斷的同步發射會增強記憶，促使大腦中處理這種能力的神經區域擴大。

再來，當「渴望」和「想像」衝突時，勝利的一方往往是「想像」。舉例來說，一個非常渴望成功的業務員，即使

學習了許多專業知識與業務技巧，但只要想出發拜訪客戶時，內心就立刻恐懼，由於過去被拒絕的陰影一直揮之不去，不管他意識層次是多麼地想踏出這一步，此時潛意識都會自動會浮現「拜訪顧客」等於「被拒絕」的聯想畫面，結果被拒絕的狀況就真的會一再重複出現，更加深了恐懼的神經鏈，最後即使見到客戶也可能緊張到不知所云，這樣下去，業績一定不好。恐懼的畫面充滿了他的內心，潛意識輕易地就戰勝意識了，這時候他上再多的課也無濟於事，除非他克服了潛意識的障礙，否則他的業績一定沒辦法改善。

改變結果一定要先找到正確的因。
改善出問題的因，結果自然變好。

舉例來說，如果一個人開車時，忘了先放手煞、腳煞，那麼不管他駕駛的是 TOYOTA 或 BMW，甚至是 Ferrari，基本上都不可能跑得多快，而且車子還很容易因此而故障！

> 重覆同樣的行為，
> 卻期待產生不一樣的結果，是發瘋的前兆。
>
> ——愛因斯坦

在學習過程中我們都會經歷四種不同階段：

（1）無意識的無能（不知道自己不會）

（2）有意識的無能（覺知到自己沒有想像中的那麼有
　　　能力）

（3）有意識的有能（發現自己慢慢會了）

（4）無意識的有能（那個知識、技能已經融入你的內
在，你可以運用自如。）

從「無意識的無能」一直進化到「無意識的有能」階段，透過教練的指導絕對是提升能力最快最重要的方法，因為教練可以分析出我們潛意識裡一直重複錯誤行為的盲點，可以幫助我們解除心中信念的障礙，透過有效又專注的練習，帶我們進入無意識的有能階段，不管在技巧、心理、態度各方面。

阿里巴巴集團董事局主席馬雲也曾說：

「晚上想想千條路，早上醒來走原路。」

為什麼會這樣呢？

晚上想了千條路，雖是頭腦清醒時所判斷的邏輯推理，但一覺醒來，狀況就不一樣了。每當你想要嘗試一項新事物時，潛意識自動會因為慣性和優先保護你的傾向，加上

意識排斥未知的事物來阻止你採取行動，所以最終仍然走原來習慣的路。

許多成功者都會運用潛意識來實現自己的夢想，看看下面的案例：

全美人際關係大師哈維・麥凱在當初準備寫《攻心爲上》這本書的時候，曾請他的秘書爲他買了一份很有權威，登記每一期書刊作者的前十名，然後，哈維・麥凱便將第一名挖去，將第一名換上哈維・麥凱《攻心爲上》，然後他每天看，一直看了三百六十五天之後，奇蹟真的發生了！

哈維・麥凱《攻心爲上》真的成了第一名！

哈維・麥凱運用了潛意識視覺化想像，幫助自己實現目標。

「飛魚」麥可・菲爾普斯的教練鮑伯・波曼在他的著作《金牌法則》提到：「我們在紙上寫下了這些目標：二百公尺蝶式，2 分 4 秒 68；四百公尺個人混和泳，4 分 37 秒 72，一千五百公尺自由式，16 分鐘整……，教練鮑伯請菲爾普斯把它帶回家貼在冰箱上。

比賽結束後，他在二百公尺蝶式游出 2 分 4 秒 68；在四百公尺個人混和泳游出 4 分 31 秒 84，在一千五百公尺自由式游出 16 分 0 秒 82，基本上幾乎一樣。

教練鮑伯同樣也是運用了潛意識視覺化想像，幫助菲爾普斯達成近乎一樣數字的游泳目標。

高球名將尼可拉斯曾說：「我在揮桿前所做的最後一件事，就是「看著」我心裡盤算的落點，「看著」我的小白球優雅地靜臥在可愛的果嶺上。接下來，我看到小白球凌空飛過大半球道，朝我心裡所想的落點而去，我看到球的拋物線與飛行高度，我看到球向左或向右彎後下降，落地後還不斷向前彈跳，最後終於靜止不動。當這宛如電影畫面的一幕逐漸淡出腦海，我看到自己正揮桿將球送上青天，將剛才所想像的一切化作百分百的事實。」

19 世紀，塞爾維亞裔美籍電磁發明家尼古拉‧特斯拉（Nikola Tesla），被認為是當時美國最偉大的科學家之一。尼古拉‧特斯拉（Nikola Tesla）曾說：「我發明的儀器總是跟我心中想像的那樣運作，二十年來沒有例外。」我都是先想像完美的產品，然後交給潛意識，潛意識會將製造新發明所需的具體物件重新建構起來，再顯示給意識。所有成功者幾乎都會使用潛意識心靈法則來幫助自己成功實現夢想，看不見的世界的確能創造出看得見的世界。

另外潛意識也會影響我們的身體健康，日本「經營四聖」之一的稻盛和夫在《我這樣改造命運》書裡提到，「他的叔

叔感染肺結核時，在家中療養時，因為自己深怕被感染，每次經過叔叔房門口時，都捏著鼻子快步跑過。而他的父親與哥哥卻不當一回事的在病床旁無微不至照顧著生病的叔叔，他們都覺得『哪有那麼容易被傳染』。而嫌惡親人所患疾病的只有稻盛和夫一個人，而且是避之唯恐不及。

後來他的父親與哥哥都沒事，只有他被傳染了！」

那時候的稻盛和夫並不知道，因為他內心的恐懼，反而是讓自己運用潛意識而招來感染肺結核。

> 外在世界其實是內在世界所創造出來的。生命中所有的境遇，都只不過是你心中想法的反射和回應罷了！

2003 年，當我考慮女兒即將唸小學，因此決定要在台中買間房子時，我開始運用潛意識的力量來幫助我實現。

首先我列了一定要的十個條件：

1.四房

2.六十至七十坪以上

3.平面車道雙平面車位

4.臨近五期或七期

5.已有合適的裝潢

6・寧靜，不可太靠近大馬路

7・戶數不多、管理佳

8・臨近中小學公園，生活機能好

9・九樓以下、屋齡不要超過八年

10・總金額 430 萬元

　　由於房租合約只剩三個多月的時間，如果不續租就只好買房子了，因為投資規劃，決定最多只買 430 萬元的房子，雖然這時間房地產不景氣，但每一位房仲看了我開的條件，幾乎都懶得理我，在他們的眼中，我可能是神經病，並說：「柯老師，如果有這種房子，我會先買下來再加價賣給你，這種條件不可能買得到啦！」

　　他們還試算給我參考，每個平面車位最便宜約 60 萬元以上，二個至少就是 120 萬元，430 萬元減去 120 萬元只剩 310 萬元，你還想買六十坪以上房子，每坪單價只剩 5 萬元，其中一位業務員甚至還跟我說：「考慮一下鬼屋應該可以！」不管業務員帶我看多棒的房子，我永遠起價 400 萬元，然後要求 430 萬元成交。

　　那時網路尚未普及，我每天早上起床醒來就買二份報紙，然後逐一打電話詢問房仲看屋，慢慢地，業務員已經

不想理我了！

　　以他們多年的經驗，這種價位絕對不可能買得到上述十個條件的房子。

　　雖然我堅信潛意識一定會運作成功，但日子一天一天過去了，似乎都沒能實現……

　　就這樣看了約一百間房子。就在即將失去信心放棄買房時，有一天，業務員突然打電話跟我說：「柯老師，有一間蠻符合你條件的漂亮房子，去看看如何？」於是我前往看屋，真的很符合我開的條件！（　）內為實際狀況。

1・四房（　四房　）

2・六十至七十坪以上（七十五坪）

3・平面車道雙平面車位（B3 平面車道雙平面車位）

4・臨近五期或七期（台灣大道與文心路口）

5・已有合適的裝潢（200 萬元裝潢，含中央空調、木質地板、按摩浴缸）

6・寧靜，不可太靠近大馬路（整棟建築成 L 型，距離台灣大道約 80 公尺，安靜）

7・戶數不多、管理佳（79 戶，管理完善）

8・臨近中小學公園，生活機能好　（近何厝國小、漢口

國中、小公園、雙捷運交叉口）

9·九樓以下、屋齡不要超過八年（七樓，屋齡八年不到）

10·總金額 430 萬元

房仲告訴我：「柯老師您的十個條件，已經符合九個了，剩下的只是價錢的問題了。這房子真的是很漂亮，屋主當初含裝潢花了 1,300 萬元以上，因為要搬回北部，開價 960 萬元後已再降為 860 萬元，房貸還有 560 萬元。很難得再找到這樣的房子了，您要不要出個合理的價位，就把它買下來吧！」他原本以為我會改變出價，沒想到我還是維持起價 400 萬元，並告訴他要 430 萬元成交，這下他心涼了，屋主怎麼可能 430 萬元賣給我，房貸還有 560 萬元，況且這又不是鬼屋。

我告訴他，只要約出屋主見面，其他交給我說服即可。

見面那一天，結果我真的說服屋主以 430 萬元賣給我，連仲介都嚇了一跳。

我的潛意識運作成功了，而且十個條件百分之百全部符合。也因為如此，我受邀到這家不動產仲介公司對其中部五縣市員工進行演講。

一直到現在，我還是住在這個舒適的房子！

凡是你深深相信並且接受的事情，潛意識都會將它變成事實出現在你的生活中！

2009 年意外發現右肺有四顆不正常腫瘤，醫生要求儘早手術切除，以免延誤治療的黃金時期。但我決定放棄胸腔內科的開刀建議，每天自行運用潛意識的力量，一直到現在 2018 年了，我的肺部也沒有什麼特殊變化，算是與它和平共存了。

2011 年 12 月 15 日當天中午我在用餐時，才在想好像很久沒吃到頂級 XO 干貝醬了，該去買一瓶了，結果下午三點多，三嫂就送來一瓶頂級 XO 干貝醬。真是如心理大師榮格說的：「任何下意識的慾望與悸動，都會成真！」

課堂上我不斷地分享潛意識運作有效的技巧和許多很棒的親身經歷，來提昇學員們的信心。當你內心擔憂、懷疑、恐懼時，看著你的願景、目標，想著你潛意識內無窮的力量，持續下去，堅持到底，直到黎明來臨。但千萬不要有太大的壓力，因為所有壓力都是來自於「念頭」。所以紓解壓力，就要學習不被自己的「念頭」所困。

當「念頭」強化為「意焦」，形成「信念」，從而掌控了我們的命運。

在我們累世生命過程裡，假如我們不曾在自己的帳戶裡儲蓄，不管你現在多想能立刻提領到現金，我想也是不可能實現的，因為帳戶裡面根本就是空的。即使你現在已擁有成功者的所有態度、技巧（基本關鍵），但不管多努力，你與成功者之間的差異最主要的原因，可能就只是差這臨門一腳（隱形關鍵）。好好運用「基本關鍵」加上「隱形關鍵」，這二股力量結合之後，你才能快速實現夢想！

前面提到我 29 歲以後的命運為何跟鐵板神數算的不一樣了？

仔細回想那一年，我曾發了一個大願，將來要將自己所學的回饋給成千上萬需要幫助的人，也許是因為這樣的願力，我的命運開始改變了！

生命的目的與生活的意義

> 人的一生，是旅行，也是創造；是體驗，也是學習；
> 充滿歡笑，也充滿淚水。

　　當我們靜下心來，看看我們所擁有的一切，我相信你一定可以發現：「所有的東西並非都是自己可以獨自創造出來的，而是經過許多人的努力、付出以及許多美好機會的適時出現，才能有今日的結果。」日常生活中，當我們把這麼多美好的經驗，視為理所當然的時候，我們就忽略了感恩。

　　「心」處在感恩的狀態，我們會發現每個人、每個當下、每件事物其實都是禮物。

　　臉書營運長雪柔・桑德伯格（Sheryl Sandberg），因為先生意外猝死，在一篇悼念亡夫的文章中真誠感性地說：「我

學會了感激。對那些我從前習以為常的東西懷有的真正的感激，比如生命。雖然我如此心碎，但是每天看到我的孩子們，我都會為他們擁有生命而感到欣喜。我感激他們的每一個微笑和每一次擁抱。我不再對每一天習以為常。一個朋友告訴我他討厭生日，所以不準備慶祝，我含著眼淚對他說：『好好慶祝生日吧，每一次過生日都是幸運的事。』

我的下一個生日一定會像身陷地獄一樣痛苦，但是我在心裡比以往任何一個生日都更加堅定地想要慶祝。」

所以我們應該珍惜並感恩生命中看似平凡卻珍貴的人，不論是友誼還是家人，因為無常隨時都在。當你學會接受、感恩你現有的一切，愛當下的這一刻，我們的心就會綻放，然後更多的美好就會再進入我們的生命。

因果法則告訴我們一定要先付出，因為只有先給予才能得到。透過給予的過程，還會讓我們看見自己早已具備卻不知道擁有的事物與能力，施予別人你所擁有的事物，可能是金錢、技能、微笑、時間、讚美、愛心，那麼你將會收到更多的快樂與富有。

達賴喇嘛曾說：「不論一個人是否相信宗教，或信仰哪種宗教，我們生命的最終目標是快樂，我們生命的主要活動是尋找快樂。」又說：「真正的快樂並非來自外在滿足，

而是源自心靈的安頓寧靜。」

《僧侶與哲學家》、《快樂學》作者李卡德，他融合科學、哲學和佛學，也領悟出真正的快樂並非來自外在環境，而是一種能力、是個人與生俱來都有的潛能，也是我們每個人都必須學習的生存態度。

漸漸地我了解了生命的真相，人的一生只是一個自導自演的過程。

這個過程透過付出、感恩、學習來了解生命的目的：「成長與服務。」而生活的意義就是：「快樂地活在當下、體驗自己的選擇。」

因此你必須一步一步地走，才能體會當下的樂趣。

想想看，當你搭飛機去旅遊時，你認為飛機的功用是什麼？

除了將乘客載到目的地外，是不是也可以讓乘客欣賞空中光影與雲彩的變化美景呢？

因此我們來到世上並不只是為了抵達目的地，我們也是來體驗人生的。

《深夜加油站遇見蘇格拉底》這本書也提醒我們：拋開你的過去與未來，專注於現在，不去想著成功與失敗。編織自己的人生，並且對熱愛的事物全心付出，就會從人

生的歷程之中獲得快樂。快樂的秘訣在於活在當下，享受過程中的時時刻刻， 結果反而就不是那麼重要了。後悔過去、擔心未來，都只會讓意識逃離當下，然後帶來更多不滿、焦慮、壓力與痛苦。

社會上大部份的人終其一生都把注意力放在追求更多的金錢，更好的物質享受、更高的權勢地位。然而當我們把所有精神放在實現這些願望，不惜一切代價得到了它。然後只是為了得到外在環境的認同，我們將記憶裡的情緒、個性、價值觀和生活方式，包裝成一個希望別人看見的自己，接著又為了維持那身份地位形象、那份虛無飄渺的虛榮感受，繼續追求更多的物質包裝。內心終究只是存在著空虛、不滿與痛苦。透過逃避，只好再盲目地追求更多外在種種的事物，最後形成了惡性循環。

這樣的瘋狂行徑只會讓我們過度專注在我們所缺乏的東西，而忘了對當下所擁有一切美好事物感到快樂和滿足。

我們的生命旅程其實包含了「外在成功」與「內在成長」，「外在成功」往往代表著現實社會裡光鮮亮麗的名、利、權勢。追求這些目標本身不是不好，但不應過份強求，否則反而被這些外在所控制住。需知「外在成功」不可能帶給我們長久的滿足，我們得到的只會是短暫的激情快樂。

而「內在成長」則代表著生命過程的喜悅，帶給我們的會是不斷累積和持久的幸福。

　　每一個人都希望擁有成功的人生、快樂幸福，但生活中如果沒有困難、失落與苦痛，對於獲得快樂就毫無幫助。唯有親身經歷過，才能真正體會到那種痛苦。

　　這樣的經歷教導我們對他人也應保有同理心與慈悲心，唯有深入地探討苦難，才能找到脫離苦難的方法，也才能找到真正的幸福。所以幸福不應是往外求，幸福其實應該是敞開心胸、臣服接納並感受當下美好的一切安排，因為任何事情發生必定有其意義，並且是對我們有幫助的。

　　好與不好？幸與不幸？一切都只是自己看待事情的角度不同罷了！

　　根據量子物理學家的觀察，物質只是暫時存在，真實的世界其實是能量的世界，外在財富與名位的成功，會顯得那麼重要，是因為你忽略了內在心靈，當死亡來臨時，除了靈魂外，一切都會消失歸零。

　　曾經擔任蘋果、微軟、Google 頂尖科技公司副總裁的李開復，在 52 歲生日前不久，被醫生宣判得了第四期淋巴癌，身體被他多年來的摧殘之後，發出最嚴重的抗議。他

在新書《我修的死亡學分》裡提到：「多年來，名利的浮漲讓我不知不覺間偏離了軸心，以致迷炫其中，付出了沉重的代價而不自知。這場生死大病開了我的智慧，我依舊會盡力投身工作，讓世界更好；但我更真切知道，生命該怎麼過才是最圓滿的。」

過去我也是如此渴望能夠實現世俗那最有價值的人生，直到年過半百，我才發現：人生最美好的境界竟是內心的淡定與從容。

> 一生中最重要的兩天，
> 是你來到世界上的那一天，
> 和你明白自己為什麼來到這世界的那一天。

—馬克吐溫

覺醒吧！

當你開始對自己提出一些重要的問題：

我是誰？

我的人生目標是什麼？

我所做的一切到底是為了誰？

我快樂嗎？

我有慈悲心、愛心嗎？

人死後會去哪？

人生是否有比財富、地位、權勢，這些「外在成功」更重要的事？

幸福該如何定義？

我有看見自己的心嗎？

我的習氣是不是該好好修正了？

我有活在當下嗎？

於是，靈魂就逐漸甦醒……

當你已下定決心要改變自己時，你必須隨時「覺知」自己當下在想什麼、說什麼、做什麼、怎麼生活、如何感受一直到進入「無意識的有能」階段，讓自己活出最美好的生命！

「意識」覺醒和駕馭「潛意識」，決定了你所有的心態和行為，從而形成了你的結果（命運）！所以在人生舞台上，成功或失敗，其實都是我們自己選擇的結果。我們的命運就是一幅經由自己的念頭、思想與行動所創作出來的畫作。

時間宛如一條長河，載我們順流而下。

邂逅各種現實，需要做決策。

我們無法停留，無法迴避，

只能用最理想的方式應對。

—出自「原則」

最後僅以此書，獻給真心想要超越成功、創造卓越人生的人！

REFERENCE

參考文獻

《原則》，瑞·達利歐，商業周刊 2018。

《當下的力量》，艾克哈特·托勒，橡實文化 2015。

《量子物理與宇宙法則》，珊卓·安·泰勒，宇宙花園 2010。

《低谷》，賽斯·高汀，商周出版社 2008。

《想像五年後的你》，李恕權，遠流出版社 2016。

《三星成長三百倍的秘密》，金炳完，商周出版社 2012。

《靈魂的初生前計畫》，羅伯特·舒華茲，方智出版社 2013。

《初心》，江振誠，平安出版社 2013。

《柔軟成就不凡》，吳寶春，寶瓶文化 2010。

《世界第一名清潔婦》，新津春子，商業周刊 2016。

《從 A 到 A+》，詹姆·柯林斯，遠流 2002。

《十倍速時代》，安迪·葛洛夫，大塊文化 1996。

《大長今的成功哲學》，林一，海洋文化 2006。

《夢想，沒有極限》，麥可·菲爾普斯，大好書屋 2009。

《鼓舞》，郭泰，遠流出版 1999。

《我這樣改造命運》，稻盛和夫，先覺出版社 2006。

《刻意練習》，安德斯·艾瑞克森、羅伯特·普爾，方智出版社 2017。

《心腦奇航》，丹尼爾·席格，心靈工坊出版 2017。

《坪陽再生人》，李常珍，稻田出版 2018。

《請給我結果》，姜汝祥，財經傳訊 2006。

《80 ／ 20 法則》，Richzrd·Koch，大塊文化 1998。

《媒體女王歐普拉成功的鑽石信念》，張佳秋，大千出版 2012。

《這世界難捉摸》，Daniel·Whiteson 、Jorge·Cham，天下文化 2017。

《金牌法則》，鮑伯·波曼、查爾斯·巴特勒，天下文化 2016。

《向周星馳學成功》，盧俊、張永美，日月文化 2008。

《人生，僅止於此》，羅伯特·安東尼，倍達出版社 1994。

《了凡四訓》，明·袁了凡，福智之聲出版社 2010。

《我修的死亡學分》，李開復，天下文化 2015。

《李安的成功法則》，李達翰，如果出版社 2008。

《勇往直前》，霍華·舒茲、瓊安·戈登，聯經出版 2011。

《窮查理的普通常識》，查理·蒙格，商周出版社 2014。

《雪球》，艾莉斯·舒德，天下文化 2011。

《蒲公英的微笑》，蔡志忠，皇冠出版 2014。

《攻心為上》，Harvey· Mackay ，天下出版 1900。

《這一生，至少當一次傻瓜》，石川拓治，圓神出版 2009。

《商業週刊》，林淑玲，商業周刊 2012。

《致勝》，傑克·威爾許、蘇西·威爾許，天下文化 2018。

《馬雲的創業成功學》，桂千杰，有意思出版 2016。

《高球手與億萬富翁》，馬克·費雪，商周出版社 1999。

《銷售大師》，湯姆·霍普金斯，世潮出版社 2000。

《商業週刊 1528》，張舒婷，商業周刊 2017。

《台灣 7-11 創新行銷學》，楊瑪利，天下雜誌 2005。

《Cheers 雜誌》，洪懿妍，Cheers 雜誌 2012。

《張忠謀自傳上冊 1931-1964》，張忠謀，天下文化 2018。

《李嘉誠再談做人‧做事‧做生意》，王祥瑞，大都會 2017。

《正是時候讀莊子》，蔡璧名，天下雜誌 2015。

《飛人秘笈》，邁可‧喬丹，智庫出版 1998。

《商業周刊 1169》，萬年生，商業周刊 2010。

《不求勝的英雄》，陳金鋒、林以君、李碧蓮，天下文化 2017。

《賈伯斯傳》，華特‧艾薩克森，天下文化 2011。

《三國人物解碼》，青燈下的古佛，龍圖騰文化 2017。

《Cheers 雜誌》，麥立心，Cheers 雜誌 2011。

《深夜加油站遇見蘇格拉底》，丹‧米爾曼，心靈工坊 2007。

《歡喜看生死》，聖嚴法師，法鼓文化 2009。

《讀懂量子力學的第一本書》，李淼 ，漫遊者文化 2017。

《僧侶與哲學家》，尚‧方斯華‧何維爾、馬修‧李卡德，究竟 2012。

《快樂學》，馬修‧李卡德，天下雜誌 2014。

《掌握命運發球權》，李宜紋，人生雜誌 2005。

《臣服實驗》，麥克‧辛格 ，方智出版 2017。

《喚醒心中的巨人》，安東尼‧羅賓，中國生產力中心 1994。

《致勝態度 101》，約翰‧麥斯，智庫出版 2006。

《你的無形力量》，珍娜維弗‧貝倫德，柿子文化 2017。

《安藤忠雄》，安藤忠雄，聯經出版 2012。

《UNIQLO 熱銷全球的祕密》，Mika K，高寶出版 2010。

《經營者養成筆記》，柳井正，商業周刊 2017。

《解碼郭台銘語錄》，張殿文，天下文化 2008。

《世界第一的銷售大師》，陳安迪，大智文化 2013。

《快樂》，達賴喇嘛，時報出版 2003。

《人際網大贏家》，哈維・麥凱，智庫出版 2000。

《川普、清崎點石成金》，唐納・川普、羅勃特・清崎，商周出版社 2012。

《與成功有約》，史蒂芬・柯維，天下文化 2017。

《讓天賦自由》，肯・羅賓森／盧・亞若尼卡，盧・亞若尼卡，天下文化 2009。

《放棄的力量》，佩格・史翠普，艾倫・柏恩斯坦，麥田 2014。

《跨越前世今生》，陳勝英，張老師文化 2000。

《不信好命喚不回》，嚴定暹，平安文化 2004。

《化不可能為可能》，李昌鈺，平安文化 2014。

《經營我的白日夢》，島聰，大是 2015。

《億萬富翁的成功學》，良石・鴻飛，菁品文化 2007。

《夢想成真，只要 3 天》，神田昌典，好優文化 2017。

網路搜尋：維基百科、百度百科、MBA 智庫百科

觀成長 21

改寫未來方程式

作　者 — 柯迎華
視覺設計 — 張巖
主　編 — 林憶純
行銷企劃 — 王聖惠

第五編輯部總監 — 梁芳春
發 行 人 — 趙政岷
出 版 者 — 時報文化出版企業股份有限公司
　　　　　10803 台北市和平西路三段二四〇號七樓
　　　　　發行專線 —（02）2306-6842
　　　　　讀者服務專線 — 0800-231-705、（02）2304-7103
　　　　　讀者服務傳真 —（02）2304-6858
　　　　　郵撥 — 19344724 時報文化出版公司
　　　　　信箱 — 台北郵政 79 ～ 99 信箱
時報悅讀網 — www.readingtimes.com.tw
電子郵箱 — history@readingtimes.com.tw
法律顧問 — 理律法律事務所 陳長文律師、李念祖律師
印刷 — 勁達印刷有限公司
初版一刷 — 2018 年 11 月
定價 — 新台幣 300 元
（缺頁或破損的書，請寄回更換）

改寫未來方程式 / 柯迎華作 . -- 初版 . – 臺北市： 時報文化 , 2018.11
296 面；14.8*21 公分　　ISBN 978-957-13-7554-0（平裝）
1. 成功法　2. 自我實現
177.2　　　　　　　　　107015955

ISBN 978-957-13-7554-0
Printed in Taiwan

改寫未來方程式

買書享墾丁福華官網價 *9* 折優惠

預訂本館專案, 再享房型升等尊爵海景房（訂價NT$10,400+10%）

適用期間：2018/11/03（六）~2019/03/31（日）

每張優惠券正本限訂2間房, 影印無效

福華渡假飯店
墾丁

946屏東縣恆春鎮墾丁路2號
TEL:08-886-2323　FAX:08-886-2359
http://www.howard-kenting.com.tw/

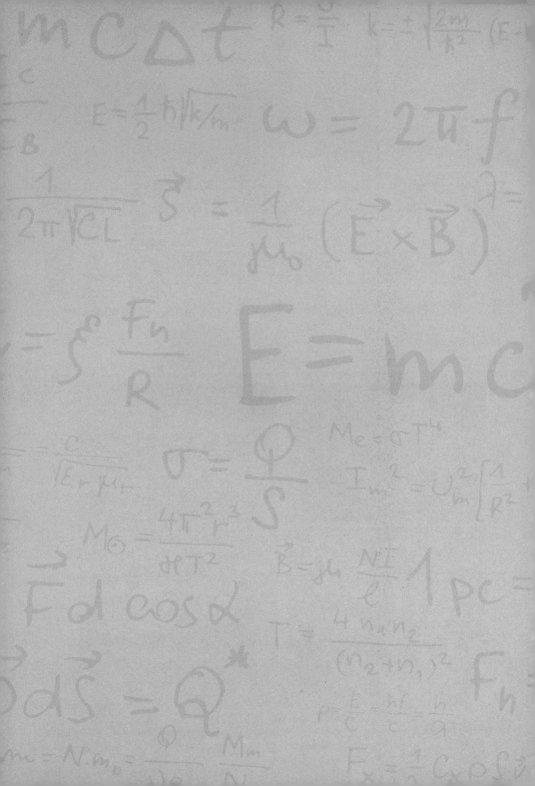